I SEGRETI DI LINKEDIN

*Il manuale definitivo per trovare
il lavoro che sogni, nuovi clienti
e far crescere la tua attività*

ROBERTO BUONANNO

Copyright © 2022 – ROBERTO BUONANNO

Tutti i diritti riservati.

Curato e pubblicato da: **PentAgency**

Questo documento è orientato a fornire informazioni esatte e affidabili in merito all'argomento e alla questione trattati. La pubblicazione viene venduta con l'idea che l'editore non è tenuto a fornire servizi di contabilità, ufficialmente autorizzati o altrimenti qualificati.

Se è necessaria una consulenza, legale o professionale, dovrebbe essere ordinato un individuo praticato nella professione. Non è in alcun modo legale riprodurre, duplicare o trasmettere qualsiasi parte di questo documento in formato elettronico o cartaceo. La registrazione di questa pubblicazione è severamente vietata e non è consentita la memorizzazione di questo documento se non con l'autorizzazione scritta dell'editore.

Le informazioni fornite nel presente documento sono dichiarate veritiere e coerenti, in quanto qualsiasi responsabilità, in termini di disattenzione o altro, da qualsiasi uso o abuso di qualsiasi politica, processo o direzione contenuta all'interno è responsabilità solitaria e assoluta del lettore destinatario.

In nessun caso qualsiasi responsabilità legale o colpa verrà presa nei confronti dell'editore per qualsiasi riparazione, danno o perdita monetaria dovuta alle informazioni qui contenute, direttamente o indirettamente. Le informazioni qui contenute sono fornite esclusivamente a scopo informativo e sono universali. La presentazione delle informazioni è senza contratto né alcun tipo di garanzia. I marchi utilizzati all'interno di questo libro sono meramente a scopo di chiarimento e sono di proprietà dei proprietari stessi, non affiliati al presente documento.

Indice

Prefazione .... *di Mario Moroni* 7

Introduzione 11
   Chi Sono 13
   Perché Io? 17
   A chi serve questo libro 20
   I Numeri di LinkedIn 21
   30 Milioni di Aziende! 24
   Employee Advocacy 26
   Riassunto del Capitolo 28

L'importanza di LinkedIn 29
   Storia di LinkedIn 31
   Linkedin per cercare lavoro 34
   Perché investire tempo su LinkedIn 36
   LinkedIn per cercare collaboratori 38
   LinkedIn per cercare clienti 39
   LinkedIn vs Facebook 40
   LinkedIn come Social Network 41
   Riassunto del Capitolo 43
   Che cosa è un profilo LinkedIn 47
   Crea il tuo profilo 49
   Scegli il giusto tipo di account 53
   Arricchisci il tuo profilo 56
   Crea un URL personalizzato 60
   Imposta il tuo Profilo come Pubblico 64
   Carica una foto professionale 66
   Le parole da evitare nel tuo profilo 70
   Scrivi un grande Sommario 73

Carica una foto di copertina 79
Informazioni, la sezione dove ti presenti al mondo 82
Alcuni profili ideali 85
Aggiorna le tue esperienze lavorative 88
Inserisci Siti di riferimento 92
Aggiungi Competenze al tuo Profilo 93
Fai Confermare le tue Competenze! 96
Conferma competenze con i Quiz 99
Come ottenere Referenze 101
Come scrivere una Referenza 104
Come aggiungere i primi contatti 108
Aggiungi ogni persona con cui entri in contatto 111
Usa la Ricerca al meglio 113
Crea i primi contenuti 115
Riassunto del Capitolo 117

Impara a fare Personal Branding 121
Che cos'è il Personal Branding? 123
Perché il Personal Branding è così importante 125
E se non sai cosa dire di te? 128
E se non ho esperienze professionali? 130
Devi diventare influencer 132
Gli errori da evitare su qualsiasi social 134
Personal Branding su LinkedIn 137
Personal Branding su Facebook e Instagram 139
Controlla ogni contenuto social che ti riguardi 141
Controlla i risultati di ricerca della tua azienda e dei tuoi marchi 145
Hai registrato il tuo Nome di Dominio personale? 147
Riassunto del Capitolo 150

Crea una rete di contatti prestigiosa 153
L'importanza della rubrica 155
Usa un account Google 156
Come Migliorare l'efficacia delle tue Richieste di Collegamento 160
Metodo in 7 punti per mandare Richieste di Contatto Efficaci .. 163

Come ampliare la tua rubrica tramite LinkedIn.................................167
Mettere al sicuro i contatti sul Cloud 168
Chi accettare e chi rifiutare..170
Devo accettare tutti i miei colleghi?...173
Crea la tua strategia di networking 176
I tuoi rituali quotidiani e settimanali 179
Creare una policy aziendale per LinkedIn...182
Datti degli obiettivi di espansione 184
Collegati a tutti i costi..187
Come scrivere e-mail o InMessage a Freddo 189
Come Sfruttare i Gruppi di LinkedIn..191
Riassunto del Capitolo 193

Crea contenuti e condividi per farti conoscere 195
Come tenere il profilo attivo 197
Condividi le tue novità e spingi sui Trend 199
Identifica il target della tua comunicazione..201
Interazioni sui post di altri..203
Il Metodo Buonanno, o Metodo delle Tre "C" 205
Come scrivere Contenuti efficaci 208
Coinvolgi con Tag, Domande e Call to Action 212
87 Idee per creare un contenuto per LinkedIn...................................215
In che orario è meglio pubblicare?...217
Il Potere dei PDF e/o dei Trend del momento 219
Come prepararti per Registrare Video o andare Live........................221
La sfida dei 30 giorni di Fuoco...224
Crea un esercito di seguaci 227
E se nonostante tutto non ce la fai? 230
Riassunto del Capitolo 233

Trova Lavoro con LinkedIn 235
Le skill più richieste su LinkedIn...237
Fai un'ottima prima impressione prima del colloquio 239
Indicatori di Social Proof..241
Metti i tuoi lavori in vista..243

    Vai direttamente dal Decision Maker 245
    Riassunto del Capitolo 251

Trucchi e Consigli per il tuo Account 253
    Servizi di pianificazione dei Contenuti 255
    Dovresti usare le Automazioni? 258
    Fai il Backup dei Dati 260
    Bloccare o smettere di seguire profili 263
    Come NON scrivere un messaggio InMail di presentazione 267
    Vale la pena pagare per LinkedIn Premium? 274
    Riassunto del Capitolo 276

Bonus: Elementi di Crescita Personale 277
    Non smettere mai di studiare 279
    I Quattro Quadranti della Produttività 281
    La tecnica del Time Blocking 286
    Gestire il sonno per produrre di più 288
    Una Gestione delle Attività Efficiente 293

Bonus: Interviste ai Top Expert! 297
    Intervista a Raffaele Gaito 299
    Intervista a Stefano Pisoni 305
    Intervista a Koan Bogiatto 310
    Intervista a Manabe Repici 315

Letture e ascolti consigliati 320

PREFAZIONE

di Mario Moroni

Se penso ad una persona che non ha necessità di usare LinkedIn come strumento di lavoro è sicuramente Roberto.

So che sembra una contraddizione strana da trovare in un libro su LinkedIn ma seguimi nel ragionamento.

Roberto è uno di quei pochi imprenditori che conosco all'interno della mia rubrica telefonica che può in un paio di passaggi, ovvero in un paio di telefonate o messaggi WhatsApp / Telegram o altre diavolerie, entrare in contatto con chiunque.

Grazie alla sua esperienza lavorativa infatti ha intrattenuto rapporti con tantissimi personaggi, talenti e imprenditori diversi: Youtuber, content creators, imprenditori tradizionali, oltre a una ristretta cerchia di amici di cui mi sento orgogliosamente parte.

Se Roberto in realtà scrive un libro come questo (e io che l'ho appena letto, anzi divorato, posso confermartelo) è perché, malgrado un network personale pazzesco come quello che vi ho descritto finora, anche lui ha la necessità, per lungimiranza e per progettualità, di pensare al futuro.

Un futuro reale che già oggi è applicabile nella vita di tutti i giorni e che trova in una rapida accelerazione questi ultimi mesi.

Questo infatti non è un libro per chi vuole cominciare a conoscere i Social Network e non è un libro per chi vuole approfondire dal punto di vista tecnico LinkedIn, ma offre invece una visione sul futuro dei social in ottica professionale.

Se l'esercizio fino a poco tempo fa era quello di saper utilizzare i social network, magari pubblicando, interagendo e seguendo i "fanta-guru di turno", oggi la necessità è più specifica.
Più specifica e ancora più reale per noi e non solo per i tecnici.

Facciamo un esempio.
Dopo una call, incontro o un primo contatto aggiungo con il mio account (*https://www.linkedin.com/in/mariomoroni/*) la persona con cui ho parlato.
Anzi, sempre più frequentemente, prima ancora vado a verificare chi è l'interlocutore, cosa ha fatto nella sua vita professionale e se condividiamo già delle connessioni. Cerco quindi qualcosa da condividere a livello di tematiche, ovvero esperienze passate e commenti su temi comuni.

Chiunque lavori nel mondo odierno ha la necessità di utilizzare questo strumento, come una volta accadeva con i bigliettini da visita e la borsa sempre pronta vicino alla porta dell'ufficio, e di imparare concretezza da chi ha già fatto questo percorso e da chi ha studiato nuove frontiere.

Mario Moroni è imprenditore e divulgatore digitale, conduttore, autore di libri e podcast.

Nel 1999, all'età di 15 anni, Mario ha cominciato la sua attività digitale fondando *OkMusik*, uno dei primi portali musicali italiani. Nel 2013 ha fondato *OkNetwork*.
"Il Caffettino" è il suo podcast giornaliero e *Live Show* è il suo approfondimento settimanale con ospiti sul mondo digitale e marketing.

Conduce una rubrica su m2o radio e realizza interviste per la propria community, con editori o partner come Marco Montemagno.

È l'autore del best seller Amazon: *Startup di Merda*.

È ambasciatore LICE, lega italiana contro l'epilessia.

INTRODUZIONE

"Se non costruisci il tuo sogno, qualcun altro ti assumerà per aiutarlo a costruire i propri sogni."
Dhirubhai Ambani, founder, Reliance Industries

Come usare questo libro
Se vuoi, passa direttamente ai concetti pratici
Se vuoi passare direttamente ai concetti pratici, salta direttamente al capitolo "I primi passi su LinkedIn". È un capitolo importante, che non devi saltare neanche se hai già un profilo aperto da tempo e pensi che sia aggiornato o al passo con le ultime novità.

Questo capitolo prosegue con informazioni utili su LinkedIn e su di me. Si tratta di una parte divulgativa **indispensabile**, che non può mancare in un libro di questo tipo. Infatti un formatore deve dimostrare, con i fatti e con la propria storia, che conosce ciò di cui parla.

Nel mio caso, lavoro e genero milioni di euro di fatturato grazie ai contatti generati in gran parte su LinkedIn a partire dal 2008, fin dai primi anni della mia avventura come responsabile dell'edizione italiana del popolare sito di tecnologia Tom's Hardware - www.tomshw.it

Il capitolo successivo, "L'Importanza di LinkedIn", ti dà le giuste informazioni di scenario. Ancora una volta, non è un capitolo prettamente pratico ma divulgativo e quindi, se hai fretta di entrare in azione, puoi saltarlo di sana pianta e passare a quello successivo. Quando farai una lunga seduta in bagno o un viaggio sui mezzi pubblici, recuperalo, è interessante.

Ti starai chiedendo: "ma perché questo autore scrive un sacco di roba e poi mi dice di saltarla?". Per due semplici motivi. Il primo è che, quando proibisci qualcosa, solitamente questa è la prima cosa che il tuo interlocutore fa. Hai presente la storia di Adamo ed Eva?

Il secondo motivo è che io odio libri ed ebook spogli, di poche pagine. **Quando compro un libro voglio che sia corposo**, con la giusta miscela di concetti pratici e di background. Lo ammetto candidamente: quando valuto la possibilità di comprare un libro, controllo sempre prima quanto è lungo e faccio un ragionamento sul valore "prezzo per pagina". I miei mentori nel mondo della pubblicazione di libri mi spingono invece a focalizzarmi su testi super asciutti che, dopo le obbligatorie presentazioni, iniziano a presentare elenchi di azioni pratiche da mettere in atto. Ho optato per una via di mezzo: tutto quello che si può scrivere oggi su LinkedIn unito a un po' di prosa, per dare scorrevolezza e autorevolezza al tutto.

Spero che l'apprezzerai!

Le schede riassuntive e le liste d'azione
Amo trovare nei libri formativi la scheda finale riassuntiva e una lista di punti da mettere in pratica subito. Ecco perché ho ripreso questo concetto e, alla fine di ciascuno dei capitoli pratici, troverai una check-list con tutti i passaggi da eseguire e spuntare.

Che tu decida o meno di saltare al capitolo sui primi passi… **buona lettura!**

Chi Sono

Mi chiamo Roberto Buonanno, ho 45 anni, uno splendido bimbo di 5 anni e una moglie che mi ama e che mi supporta in tutto e per tutto.

Nel 2003 ho aperto la mia prima società, 3Labs. Oggi sono titolare di un piccolo gruppo d'aziende che lavora in vari settori molto amati dai più giovani: tecnologia, Social Network, influencer marketing, giochi tradizionali, videogiochi ed eSport. Questi ultimi sono i videogame affrontati in maniera professionale e competitiva.

Mi definisco un imprenditore attivo nel campo dei "new media" da oltre vent'anni. Lo so, sembra un'affermazione contraddittoria: **"come fai a essere nei NEW media da vent'anni?** In un ventennio questi 'media' non sono diventati… vecchi?".

Se hai pensato questo hai ragione da vendere! Infatti sostengo di essere attivo nei settori delle nuove forme di comunicazione e intrattenimento perché aggiorno me stesso e le mie aziende in continuazione.

Dal 2001 sono editore di testate giornalistiche online. Ho lanciato il mio primo magazine online nel 2001 per trasformare in qualcosa di più concreto la mia passione per la musica rock e Metal: oggi www.truemetal.it è tuttora un punto di riferimento per gli appassionati del settore.

Nel 2003 ho avviato l'edizione italiana del più popolare magazine di informazione tecnologica al mondo, **Tom's Hardware**. Oggi tomshw.it è una testata giornalistica tra le prime in Italia nel suo settore. Nei primi anni del 2000 le testate online erano un concetto innovativo, a tal punto che noi "dell'online" eravamo considerati di secondo livello rispetto ai "giornalisti veri". Ora i giornali di carta sono sulla via del tramonto e l'online è affermato.

Quindi per rimanere sul pezzo e non perdere la mia auto-assegnata etichetta di innovatore, ho avviato una divisione aziendale specializzata nell'Influencer Marketing che ho chiamato, con molta fantasia, Tom's Hardware Network. Dal 2012 quindi, partendo da una dritta di alcuni miei geniali collaboratori, ho lavorato fianco a fianco ai più grandi Youtuber italiani.

Ma bisogna essere sempre innovativi. E quindi quando YouTube è diventato "mainstream", abbiamo iniziato a lavorare con le star di Instagram e poi abbiamo proseguito con TikTok, l'ultima evoluzione in campo di Social Network.

Dal 2014 inoltre io e il mio amico e socio Alessio Cicolari abbiamo avviato un'attività di organizzazione di eventi eSport, categoria che oggi si sta affermando ma che ovviamente, ai tempi, era pionieristica! Nel maggio del 2018 abbiamo aperto in società **lo splendido locale eSport Palace a Bergamo**, una struttura di 700 metri quadrati dedicata al mondo dei videogiochi competitivi. E che ha ospitato per due anni al suo interno il team di giocatori professionisti ufficiale di Samsung: i MorningStars. Il team nasce proprio da un mio progetto, che aveva alla base un vero e proprio talent show chiamato "Fight for Glory".

Nel frattempo ho provato sulla mia pelle, in piccolo o in grande, tutte le tipologie di attività da influencer: Giornalista, Youtuber, Instagrammer e recensore Amazon.

Insomma ho scritto un sacco di cose ma ancora non ho spiegato perché sto scrivendo questo libro. Come avrai notato, tra le mie varie attività non ho nominato che sono anche un consulente per il Personal Branding - la categoria "madre" alla quale fa capo questo libro.

Nel 2020 infatti sono successe un sacco di cose. Il periodo di pandemia, con le restrizioni e l'obbligo allo smart working, mi ha aiutato a cambiare radicalmente la mia visione sul mondo del lavoro. Io e mia moglie abbiamo deciso, dopo il primo durissimo lockdown, di trascorrere il resto dell'anno nei nostri appartamenti sul mare in Salento. Saremmo rimasti in semi isolamento ma almeno in un posto meraviglioso e con maggiore libertà di movimento e di poter stare all'aria aperta.

E qui è arrivata la prima scoperta. Ho riscontrato infatti che le mie aziende possono essere profittevoli anche se io non metto piede fisicamente in ufficio. Anzi, a quanto pare, più sono lontano dalle mie sedi aziendali e maggiori sono i guadagni!

Per farla breve e per darti un'idea dei numeri, il nostro bilancio del 2019 riportava poco più di 4 milioni di fatturato e 420 mila euro di utile. Nel 2020, anno in cui ho gestito tutto da remoto, abbiamo fatturato oltre 10 milioni con un utile netto di 1 milione e 200 mila euro!

Insomma, il 2020, è stato l'anno migliore di sempre dal punto di vista di fatturati e profitti.

Visti questi numeri, ho deciso di completare il processo di delega delle attività operative del mio gruppo d'aziende. E una volta "libero" da ogni attività di routine, ho avviato un progetto di vita che ha portato me e la mia famiglia a trasferirci a Dubai, negli Emirati Arabi Uniti. Il mio ragionamento molto elementare è stato: "se vivendo a mille chilometri dall'ufficio abbiamo fatturato dieci milioni, trasferendomi a 5.000 km arriveremo a 50 milioni!"

Ovviamente sto scherzando, però neanche troppo.

A Dubai ho avviato una nuova azienda, in-Sane! Academy, specializzata nel trasformare chiunque lo desideri in un influencer, di se stesso o della propria azienda. Tra i nostri clienti abbiamo infatti anche diversi imprenditori e a costoro consigliamo vivamente di lavorare su LinkedIn più che qualsiasi altro social.

Perché proprio LinkedIn? Perché, sempre nel 2020, ho incontrato Stefano Pisoni, che mi ha insegnato tantissime funzioni avanzate su questo social. Fino a quell'anno infatti lo usavo in modo molto elementare sebbene molto efficace. Stefano mi ha illuminato su tanti aspetti che poi ho continuato ad approfondire in maniera parossistica. Ho letto ogni libro scritto in qualsiasi lingua, ho studiato ogni corso e videocorso e ho sperimentato sulla mia pelle e su quella di ignari clienti e colleghi!

E quindi sono giunto alla naturale conseguenza di questa full immersion in LinkedIn: scrivere un libro su questa piattaforma che mi ha dato tanto e che mi affascina ancora tantissimo!

Come interagire con me?
Metto a disposizione solo a te, in qualità di lettore o lettrice del mio libro, la possibilità di fissare una video chiamata per entrare in contatto con le mie realtà.

Prenota la tua video chiamata da qui:

 Dovrai inserire nome e cognome, indirizzo e-mail e il motivo della chiamata.

Sfrutta questa possibilità solo se hai seri motivi professionali per interagire con me:

- Vuoi acquistare un consulenza professionale sul Personal Branding.
- Vuoi investire un budget pubblicitario nel mondo degli influencer del Web.
- Sei un imprenditore o un'imprenditrice e vuoi propormi partnership o altri progetti di collaborazione.

Perché Io?

Perché ritengo di essere titolato per scrivere un libro su LinkedIn?
Per diversi motivi. Innanzitutto sono su LinkedIn dal 2008, quindi ho una discreta esperienza. Da quel giorno ho usato questa piattaforma di networking professionale soprattutto per avviare relazioni con aziende e professionisti di tutto il mondo legati al settore dell'informatica e della tecnologia in particolare.
Si tratta di settori solitamente popolati da "smanettoni", ovvero gente parecchio esperta nell'uso delle nuove tecnologie e con la tendenza ad adottare le novità in ambito digitale prima della massa. Insomma, sono e faccio parte di quel gruppo di persone che nelle ricerche di mercato è definito "Early Adopter" o utenti precoci.

Per me LinkedIn è stato da sempre vitale, siccome non avevo altro modo per socializzare con altri imprenditori e manager del mio settore, che vivevano in giro per il mondo, serenamente ignari della mia esistenza.
Nel 2008 non esisteva minimamente il concetto attuale di Social Network. Certo, Facebook esisteva già ma era molto lontano dall'attuale situazione.
Nel mio caso, ho conosciuto LinkedIn da quando la mia società 3Labs è stata acquisita, verso metà del 2008, da un'azienda francese. I miei colleghi di altri stati erano tutti già su LinkedIn e quindi, esattamente il 12 giugno del 2008, un certo Sebastien mi ha messo per la prima volta in contatto con la piattaforma. Ed è stato amore a prima vista! Collegandomi ai miei colleghi ho potuto creare il primo abbozzo del mio network. E grazie alle connessioni condivise, sono entrato in contatto con un sacco di professionisti e aziende del settore della tecnologia. L'apporto dei contatti reperiti su LinkedIn è stato vitale per lo sviluppo della mia attività del tempo che era esclusivamente la gestione del sito Tom's Hardware - www.tomshw.it.

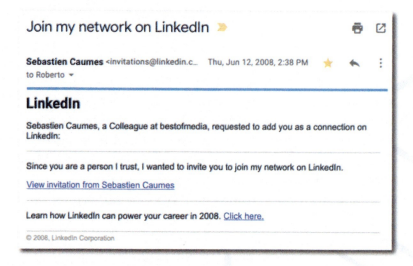

La mail originale del 2008 con la quale sono venuto in contatto per la prima volta con LinkedIn.

Spulciando su LinkedIn ho aperto relazioni con clienti e fornitori che sento tuttora, a distanza di tanti anni. E sono riuscito a creare accordi commerciali con persone di ogni parte del mondo in maniera incredibilmente efficace. A quei tempi del resto, se volevi conoscere il marketing manager di un'azienda informatica taiwanese, avevi solo due scelte: andare a una fiera di settore a Taiwan, o chiedere a un collega editore o giornalista di presentartelo. Peccato che i "colleghi" in realtà si sentivano più che altro concorrenti e quindi col cavolo che mi avrebbero passato i loro preziosi contatti!

Nel corso del tempo ho ampliato parecchio il mio raggio d'azione e i miei interessi. Sono diventato Country Manager per una multinazionale e al contempo giornalista. Poi sono tornato imprenditore nel 2018 quando ho riacquistato la mia società. Negli ultimi anni ho sviluppato nuovi business e oggi uso tuttora in continuazione LinkedIn per due motivi principali.

Il primo è il solito: esploro questa grande rete di professionisti per cercare clienti e investitori in settori che per me sono ancora nuovi. Ma non solo, per me oggi **LinkedIn è un fondamentale strumento di Personal Branding**. Grazie a questo sito infatti oggi succede sempre più spesso che altre persone contattino me e, grazie al modo ottimale in cui è impostato il mio profilo - che scopriremo assieme - entro in contatto con realtà spesso interessanti. E così creo nuove relazioni, nuove amicizie e, perché no, nuovo business.

LinkedIn per me è stato ed è una miniera d'oro. Negli ultimi vent'anni le mie aziende hanno generato decine di milioni di euro di fatturato e una buona parte di questo è nato da connessioni create sulla piattaforma.

Ti sembra poco?

A chi serve questo libro

Questo libro si rivolge a chiunque voglia migliorare il proprio personal branding grazie alla piattaforma di Social Network professionale più grande al mondo.

A inizio 2022 infatti, LinkedIn contava 810 milioni di utenti in tutto il mondo; chissà, nel momento in cui leggi queste parole potrebbe aver superato il miliardo di iscritti. **Oggi non c'è opportunità migliore**, online oppure offline, per creare una rete di contatti, metterti in vista e crearti una reputazione digitale attraente.

E se sei libero professionista, lavoratore autonomo o titolare di un'azienda - o di un gruppo d'imprese - come scrivo nelle pagine precedenti, per te LinkedIn sarà una miniera d'oro. Grazie alle possibilità della piattaforma potrai creare una rete di relazioni e contatti che trasformerai in denaro sonante.

Insomma, che tu lo faccia per trovare lavoro, o per trovare a tua volta collaboratori, oppure per creare migliaia di lead e di nuovi clienti per la tua azienda, **non c'è momento migliore per imparare a padroneggiare LinkedIn.**

Come scoprirai nei capitoli successivi, LinkedIn ti offre tanti potenti strumenti gratuiti e anche le funzioni a pagamento possono essere molto convenienti se usate con criterio.

Ci vuole poco però a incasinarsi la vita aggiungendo le persone sbagliate, impostando male il Profilo o agendo in maniera non ideale.

Questo libro serve a chi voglia sfruttare al massimo LinkedIn per fare un sacco di soldi in più, divertendosi e trovando nuove relazioni e amicizie nello stesso tempo.

E tu che aspetti?

I Numeri di LinkedIn

Perché penso che LinkedIn sia il tuo punto di partenza per amplificare il tuo successo professionale o imprenditoriale? Sono i numeri a parlare. Cito una serie di statistiche tratta proprio dal blog ufficiale della piattaforma: https://news.linkedin.com/about-us#Statistic.

I primi cinque dati più importanti:
1. 830 milioni di utenti a inizio 2022, oltre 120 nella sola Europa
2. 57% uomini, 43% donne
3. 58 milioni di aziende
4. 50 milioni di persone usano LinkedIn per cercare lavoro ogni settimana
5. Ogni minuto si assumono sei collaboratori tramite LinkedIn

In poche parole: **LinkedIn è una rete mondiale di professionisti e aziende unica e senza precedenti.**

Oggi il sito è disponibile praticamente in tutte le lingue occidentali e anche in giapponese, coreano, indonesiano e malese.

Per dare un contesto ai numeri: Instagram ha un miliardo di utenti attivi (gli iscritti sono molti di più), Facebook ne ha poco meno di 3 miliardi e si stima che Twitter ne conti 330 milioni. Insomma LinkedIn si difende alla grande come numero assoluto, e possiamo tranquillamente considerare l'utenza di LinkedIn di maggior valore per il business rispetto a quella di qualsiasi altro Social Network.

Inoltre, secondo una ricerca di HootSuite, su LinkedIn figurano il 29% degli statunitensi di sesso maschile e il 24% delle connazionali di sesso femminile. Ma il dato veramente rilevante è che oltre la metà dei laureati Americani è su LinkedIn. Da questo possiamo dedurre che la piattaforma ha un target di pubblico veramente "alto", ecco perché è così preziosa e perché numerose aziende nel corso del tempo hanno investito miliardi di dollari su di essa.

Ad avvalorare maggiormente la tesi che LinkedIn abbia un pubblico molto prezioso, c'è il dato che ci dice che il 61% dei suoi utenti ha un'età che varia tra i 25 e i 34 anni. Un vero e proprio patrimonio di giovani talenti per gli head hunter, considerando che, vista la statistica precedente, almeno la metà di questi ha un titolo di laurea o superiore.

Altro dato interessante e, del resto, sotto gli occhi di tutti, è che LinkedIn ha un enorme traffico internazionale. Infatti il 70% degli utenti risiede fuori dagli USA.

Ora arriva un dato che ho considerato con molta attenzione nella stesura di questo libro. **LinkedIn ha "solo" il 57% di traffico da smartphone**. Ho messo solo tra virgolette perché a una persona non competente potrebbe sembrare un numero alto. In realtà, devi pensare che social network come Facebook e Instagram sono visitati per il 98% da telefono!

Questo significa che una porzione considerevole delle visite al sito avviene da computer, ovvero in modalità desktop. La mia conclusione quindi è stata di fornire per la maggior parte istruzioni e guide passo per passo basate sulla navigazione da computer.

Per un utente, questo dato suggerisce che è il caso di realizzare i propri contenuti pensando che quasi metà delle persone li guarderà da computer. Quindi bisogna creare per esempio video ad alta risoluzione, girati in modalità "landscape", ovvero in orizzontale. E da questo dato puoi anche dedurre che puoi pubblicare e condividere testi più lunghi e ricchi di informazioni rispetto a quelli che vedi su altri social e magari anche PDF, infografiche e altri formati che su Facebook per esempio renderebbero male.

Queste ultime considerazioni saranno molto importanti quando affronterai i capitoli relativi alle attività di pubblicazione contenuti per avvalorare la tua reputazione online. Tieni sempre bene in mente che **LinkedIn non è solo una piattaforma di ricerca e offerta di lavoro**. La ricerca dimostra infatti che ha 15 volte più visualizzazioni per contenuto rispetto a un tradizionale sito di "job posting".

E sia tu che la tua azienda dovete spingere molto sui contenuti perché LinkedIn, diversamente da altri social, oggi non limita la portata organica ma sembra tuttora spingere i propri utenti ad avere successo. Il contrario di quello che succede su Facebook che, nel corso del tempo, ha sempre più limato la portata organica soprattutto dei profili professionali e aziendali obbligando di fatto a fare investimenti pubblicitari sempre più elevati per mantenere la stessa visibilità e pari conversioni rispetto al passato.

30 Milioni di Aziende!

Su LinkedIn ci sono oltre 58 milioni d'aziende. E queste sono molto attente al comportamento dei propri collaboratori. Mentre sul posto di lavoro, solitamente, si cerca di ridurre o eliminare il tempo passato sui Social Network, con LinkedIn accade il contrario.

Le aziende amano condividere i contenuti dei propri collaboratori che a loro volta adorano usare la piattaforma per esaltare i successi personali e della propria società.

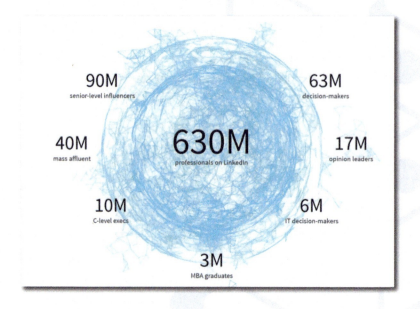

Classificazione degli utenti di LinkedIn
In questa infografica realizzata dalla stessa LinkedIn, con dati probabilmente del 2019, vediamo come **la piattaforma vanta l'alto livello dei propri utenti**. Ci sono milioni di opinion leader, decision maker e anche 40 milioni di mass affluent, ovvero persone con redditi netti superiori a 75 mila dollari all'anno.

Un vero tesoro per le aziende in cerca di clienti, non trovi? Ecco perché oltre metà dei commerciali delle aziende e quasi tutti i marketer B2B usano LinkedIn per procacciare affari e lead.

Ecco perché anche la tua azienda deve essere presente, con tutti i collaboratori attivi in modo da accrescere ciascuno il proprio Personal Branding e poi, tutti assieme, elevare la reputazione della propria società.

Ultima buona notizia: come anticipato, **su LinkedIn tu e la tua azienda potrete ottenere gratis molto traffico organico**. Se poi vuoi ancora più lead e conversioni, le ricerche dimostrano che le inserzioni su LinkedIn costano mediamente il 28% in meno rispetto a quelle di Google e possono raggiungere il 12% della popolazione globale. Considerando che gli utenti di LinkedIn sono super selezionati, questo 12% vale a sua volta oro.

Employee Advocacy

La "Employee Advocacy" è la promozione della propria azienda da parte dei suoi stessi collaboratori. Ovvero sono gli stessi dipendenti che promuovono in maniera spontanea - o leggermente forzata - prodotti, servizi e casi di successo della propria organizzazione. Insomma, invece di vietare di usare il telefono personale a lavoro, come si faceva "nel Medioevo", le aziende moderne e innovative devono incoraggiare soprattutto i collaboratori più giovani a **diventare ambasciatori del brand**.

Questo non vuol dire tollerare chi passa ore a scorrere il feed di Facebook o a postare storie su Instagram o a ballare su TikTok. L'azienda deve sempre impostare delle politiche d'uso ma allo stesso tempo, deve tollerare l'uso dei dispositivi e profili social personali. Anche perché ci guadagnano tutti. Le aziende guadagnano portata organica e reputazione sui social, ma gli stessi collaboratori aumentano la propria credibilità sul mercato e si posizionano come esperti dei vari settori aziendali.

Anche in questo caso ci sono numeri e statistiche a rafforzare questa idea.

Per esempio, le persone tendono a fidarsi maggiormente del parere di un normale dipendente piuttosto che di quello di un Amministratore Delegato o di un manager di alto livello.

LinkedIn rileva a sua volta che gli impiegati di un'azienda tendono ad avere **un numero di follower dieci volte superiore** rispetto a quella della propria organizzazione e contribuiscono al 20% del suo engagement totale.

Naturalmente per ricevere tutta questa attenzione dai propri collaboratori, un'azienda deve essere speciale in uno o più dei seguenti modi:

- Innovativa
- Molto attenta alla salute e alla formazione dello staff
- Leader in determinati mercati o nicchie di mercato
- Attenta all'ambiente
- Inserita in numerose iniziative benefiche.

Quindi se hai un'impresa, devi renderla speciale seguendo uno dei punti qui sopra e poi potrai coinvolgere in maniera attiva i tuoi collaboratori nella diffusione del tuo brand.

Se collabori con un'azienda - e spero che sia un'azienda speciale - amplia la tua strategia sui social, oltre che al tuo personal branding, anche a quello della tua impresa.

Riassunto del Capitolo

Ogni capitolo si chiude con una lista di azioni da fare, un riassunto degli argomenti trattati che puoi stampare, fotocopiare, fotografare e tenere a portata di mano.

Introduzione

Concetti chiave
- Puoi saltare l'introduzione :)
- Ho generato milioni di euro di fatturato trovando su LinkedIn clienti da tutto il mondo.
- Sono un pioniere del business online in Italia.
- Sono qualificato per scrivere di Personal Branding e di LinkedIn.
- I miei lettori hanno sfide che possono risolvere grazie a LinkedIn.
- LinkedIn è un immenso database di professionisti e aziende.
- Nel tuo gruppo di lavoro o nella tua azienda è fondamentale avere una policy sull'uso dei Social Network e quindi anche di LinkedIn.

Lista di Azioni Da Fare
- Contattami su LinkedIn, specifica che sei un lettore del mio libro nella nota!
- Pensa a come vuoi presentarti su LinkedIn e come impostare la tua strategia di Personal Branding.
- Quali sono le tue policy sull'uso dei social in azienda? Se le hai, rivedile e aggiornale. Se non ci sono, creale o chiedi che siano create.

L'importanza di LinkedIn

"Tutti gli esseri umani sono imprenditori."
REID HOFFMAN

Storia di LinkedIn

Il progetto di LinkedIn è stato avviato a fine 2002 da Reid Hoffman in California - tanto per cambiare - ed è diventato nel tempo il punto di riferimento mondiale per il networking professionale per collaboratori e aziende. Il sito ha aperto i battenti ufficialmente il 5 maggio del 2003. Mi fa sorridere perché, poche settimane dopo, il primo luglio del 2003 a mia volta, ho lanciato Tom's Hardware Italia. Purtroppo però ho realizzato meno miliardi di dollari rispetto al vecchio Reid!

Reid Hoffman non è arrivato dal nulla: prima di inventare LinkedIn assieme a un team di fidati amici e colleghi, ha avuto esperienze con aziende prestigiose come Apple e Fujitsu. La prima svolta è stata l'ingresso in PayPal, dove era stato selezionato direttamente nientemeno che dal leggendario co-founder Peter Thiel. Peter oltre a essere tra i fondatori della nota piattaforma di pagamento, oggi è un autore di libri e uno speaker a dir poco venerato.

La homepage del 2003 di LinkedIn

In realtà quello che oggi è una potenza ha avuto una partenza balbettante e ci sono voluti anni di lavoro e impegno da parte del team di Hoffman per far crescere il sito e la sua community a livelli eccezionali. Hoffman ha però dimostrato da subito di avere il carisma per attrarre grandi capitali. Basti pensare che già dopo un anno, a fine 2003, aveva convinto la grande società di venture capital Sequoia a investire quasi cinque milioni di dollari sull'ancora acerbissimo LinkedIn.

Il primo grande risultato di Hoffman e soci è stato il raggiungimento del **primo milione di utenti nel 2004**. Certo, oggi che LinkedIn punta verso il miliardo di iscritti la cifra fa un po' sorridere. Per i tempi era però un numero sbalorditivo anche considerando che si trattava quasi solo di professionisti o aziende.

Dal 2006 LinkedIn lancia le funzioni a pagamento, specialmente mirate al mondo del reclutamento dei collaboratori aziendali.

Nel 2008 Sequoia Capital torna all'attacco, acquistando il 5% delle azioni di LinkedIn per l'incredibile cifra di 53 milioni di dollari, dando all'azienda una valutazione di un miliardo di dollari.

Hoffman è instancabile e si espande in tutto il mondo; nel 2009 apre un ufficio a Mumbai in India e poi a Sidney, in Australia, per lanciarsi nella conquista dei territori Asia-Pacific.

Nel 2010 l'azienda apre un quartier generale internazionale a Dublino e nel frattempo continua a ricevere soldi a carrettate e inizia a sua volta ad acquisire altre realtà per espandere il proprio raggio operativo.

Nel 2011 c'è un altro passaggio fondamentale: l'azienda si quota alla borsa di New York con le azioni stimate a un valore di partenza di 45 dollari che raddoppia in un giorno dalla IPO. Al momento della stesura finale di questo libro, a maggio 2022, un'azione "LNDK" vale attorno ai 200 dollari.

LinkedIn vivrà alti e bassi, sottrazione di dati, crolli e rialzi in borsa, ma è vitale più che mai e soprattutto ha un elevato numero di utenti di grande valore.

A tal punto da attrarre uno dei colossi dell'Information Technology, Microsoft. L'azienda fondata da Bill Gates ha acquistato LinkedIn nell'estate del 2016 per una cifra di 26 miliardi di dollari. Una quantità di denaro incredibile che però sta tuttora fruttando a Microsoft tantissimo; forse è stato uno degli investimenti migliori dell'intera storia dell'azienda creatrice di Windows.

Nonostante sia stato il più grande investimento della storia di Microsoft, l'azienda di Redmond decide di lasciare intatto il brand LinkedIn e di continuare a far operare l'azienda appena acquisita come un'entità a sé stante, che manterrà la propria cultura e indipendenza.

Nella ventina di acquisizioni operate da LinkedIn nel corso della sua intera storia, mi ha colpito molto quella di Lynda.com del 2015. Lynda è una piattaforma di apprendimento, o "e-learning", basata su video corsi. Moltissime aziende offrono in dotazione ai propri dipendenti, per aiutarli a sviluppare le proprie skill professionali, abbonamenti a pagamento a siti come Lynda, PluralSight, Udemy o simili. La buona notizia per chi come me è appassionato sia di LinkedIn che di formazione e crescita personale è che **oggi un qualsiasi abbonamento premium a LinkedIn include anche l'accesso a LinkedIn Learning**, ovvero la trasposizione dell'intero repertorio di Lynda. Si tratta di un'opportunità unica che rende, oggi, l'abbonamento a pagamento di LinkedIn ancora più attraente.

Linkedin per cercare lavoro

Tanti utenti di LinkedIn lo usano come una vetrina per mettere in mostra il proprio curriculum. Per molti la piattaforma non è altro che un sistema per mettere in luce le proprie qualità, competenze ed esperienze per attrarre così l'attenzione degli "head hunter" delle aziende.

Come spiego più avanti infatti, al giorno d'**oggi LinkedIn è diventato il primo luogo dove si cercano collaboratori**. Di conseguenza chi sbarca il lunario collaborando con aziende sotto varie forme - freelance, dipendente, collaboratore occasionale - deve sfruttare al massimo le possibilità offerte da LinkedIn.

Per creare un profilo attraente - e dedicheremo un intero capitolo a riguardo - devi avere una bella foto, informazioni precise e le tue competenze devono essere confermate da parecchie persone di prestigio.

Puoi cercare lavoro su LinkedIn in tanti modi, come per esempio partendo dalla pagina "Lavoro". Qui trovi elencate tutte le opportunità pubblicate dalle aziende presenti sul sito. Ovviamente devi avere le idee chiare prima di presentarti ai reclutatori, e soprattutto devi aver impostato in maniera magistrale il tuo profilo. Ecco perché ti consiglio di leggere con attenzione il capitolo "I primi passi su LinkedIn", anche se hai già un profilo da tempo e pensi di avere una buona conoscenza dello strumento.

Per mia esperienza il modo migliore per cercare un lavoro è identificare attivamente aziende interessanti e per farlo devi saper espandere il tuo network per entrare in contatto con gli attuali dipendenti di quelle aziende. Osservando con attenzione i top manager delle aziende, come curano i loro profili, come comunicano, potrai farti un'idea anche di quale sia la filosofia aziendale. Io per esempio diffiderei da un marketing manager con un profilo trascurato e che posta foto di gattini o notizie di cronaca o di politica su LinkedIn. Proprio per evitare di cadere negli stessi errori, studia con attenzione il capitolo sul personal branding.

Nel mondo digitale, l'immagine pubblica sui social determina letteralmente il successo personale e professionale di una persona.

Perché investire tempo su LinkedIn

LinkedIn è fondamentale per la tua carriera - qualunque sia - perché oggi è lo strumento migliore sul mercato per creare una formidabile rete di contatti professionali. LinkedIn non è l'ennesimo social network con i gattini. Certo, ci sono i post, le storie, le live streaming, la gente che pubblica contenuti spontanei come succede su Facebook e altri social. Ma LinkedIn rimane sempre e comunque uno strumento di socializzazione professionale.

Il mio consiglio vale per tutte le categorie: imprenditori, dipendenti, partite IVA, volontari di ONLUS. Quale che sia la tua situazione attuale, inizia a costruire la tua rete di contatti ADESSO.

Scoprirai che sarà uno strumento prezioso di espansione dei tuoi orizzonti professionali e, perché no, del tuo business e dei tuoi guadagni personali.

Insomma, hai capito bene. **Più è ampio il tuo network su LinkedIn più soldi entreranno sui tuoi conti correnti.** Ne sono convinto, credo che le due cose siano più che correlate. Il mondo di oggi è fatto di relazioni. E la quantità e la qualità delle nostre relazioni è in grado di cambiare il tuo presente e il tuo futuro. Non si tratta di mere congetture o fantasie da fulminato di crescita personale; grazie a LinkedIn sono entrato in contatto con personalità incredibili. Ho scoperto che anche i CEO o i titolari delle più grandi aziende si possono contattare e ci si può dialogare, per confrontarsi, crescere, ottenere consigli. **E la qualità delle persone che frequenti - sia fisicamente che online - determina la qualità dei tuoi risultati.**

Provare per credere!

Quindi lavora tantissimo su LinkedIn, tieni l'app sempre a portata di mano e con le notifiche attive sul tuo smartphone e crea dei rituali quotidiani o settimanali di aggiornamento della tua rete di contatti, come spiego più avanti nel libro.

LinkedIn per cercare collaboratori

Un tempo c'erano gli annunci di lavoro sui quotidiani - e ora forse ci sono ancora; ma chi li guarda? Poi sono arrivati i grandi siti specializzati nell'offrire e trovare lavoro, come Monster. Ora c'è anche e soprattutto LinkedIn. Questo offre strumenti gratuiti e a pagamento per cercare lavoro o per trovare personale per la tua azienda.

Che ti interessi trovare un freelance o un dipendente, non hai che da esplorare la tua rete di contatti per avere un panorama di chi è alla ricerca di lavoro. Oppure puoi analizzare i dipendenti di altre aziende per capire se qualcuno di loro potrebbe essere un buon soggetto da contattare e "portare via".

Oltre alla ricerca manuale, LinkedIn offre anche degli strumenti a pagamento per fare ricerche molto dettagliate, basate su tanti filtri. In passato per esempio ho fatto una ricerca di commerciali con determinate specifiche e già avvezzi alla vendita di prodotti digitali. Investendo una cinquantina d'euro ho identificato una mezza dozzina di profili e sono rimasto stupito dalla facilità e rapidità con cui ho fatto tutto, senza avere la benché minima esperienza.

Ovviamente non credere a tutto ciò che leggi. Le esperienze lavorative in teoria dovrebbero essere confermate dai datori di lavoro. In realtà poche aziende controllano la propria reputazione su LinkedIn e guardano la lista di tutti coloro che si sono registrati come propri dipendenti. A me è capitato per esempio di trovare ex dipendenti che ancora si spacciavano come collaboratori in forza a una mia azienda.

LinkedIn per cercare clienti

Cercare nuovi potenziali clienti o partner d'impresa è il tipo di attività che io faccio più spesso su LinkedIn. La mia azienda è l'editrice di testate online come Tom's Hardware Italia - www.tomshw.it -, TechRadar, SpazioGames.it e altre ancora potrebbero essersi aggiunte da quando ho pubblicato questo libro. Inoltre, sono anche titolare di un'azienda attiva nel mondo degli Influencer dal 2011.

Di conseguenza le mie attività offrono a possibili inserzionisti numerose possibilità di promozione dei propri prodotti o servizi. Le opportunità sono tantissime ed essendo settori relativamente nuovi, siamo sempre alla ricerca di nuovi clienti.

LinkedIn per questa specifica attività è un vero Eldorado. Come scrivo un po' ovunque in questo libro, per molte categorie professionali **la rubrica dei contatti è lo strumento più prezioso di tutti**, prima ancora di auto, telefono e computer. E LinkedIn offre possibilità quasi infinite di espandere la propria rubrica con contatti di qualità.

Grazie al lavoro che ho fatto nel tempo, ho oltre cinquemila contatti su LinkedIn che, a loro volta, ne hanno altri. Mi è quindi possibile, anche senza accedere alla funzionalità Premium, arrivare a quasi tutte le aziende che mi interessano. L'importante è, come specificato nei capitoli successivi, selezionare con cura chi aggiungi. Se hai curato la qualità della tua Rete avrai sempre a portata di pochi click e di messaggio un mare di potenziali clienti, pronti a investire su di te e sulla tua azienda.

LinkedIn vs Facebook

Devo ammettere che, tanti anni fa, usavo Facebook per creare collegamenti con i miei contatti lavorativi. Il precursore dei Social Network ai tempi infatti si usava molto anche per pubblicizzare le proprie esperienze lavorative e i propri successi professionali. Oggi qualcuno lo fa ancora ma secondo me sbaglia piattaforma. Il posto migliore sul quale enfatizzare i tuoi progressi di carriera è sicuramente LinkedIn.

Ritengo che Facebook e Instagram siano tuttora importanti per scoprire maggiori dettagli sui gusti personali e la situazione familiare di una persona con la quale stai per creare una relazione. Ok lo ammetto, anche io uso i social per sbirciare nella vita privata delle persone e per avere delle dritte per creare un legame durante una prima conversazione telefonica o incontro.

L'importante è non confondere lo scopo delle piattaforme. Facebook nasce per le relazioni amicali e per il "cazzeggio", quindi va bene per riprendere il contatto con i compagni del liceo, per comprare e vendere oggetti con i mercatini locali e anche per fare gruppo con persone con gusti e interessi simili.

Per tutta la tua comunicazione professionale usa LinkedIn come piattaforma principale e poi usa Facebook e Instagram se vuoi ampliare la tua presenza sui social, magari con un linguaggio meno serioso e più legato all'intrattenimento.

LinkedIn batte Facebook "a tavolino" come strumento per creare una rete di contatti prestigiosa e per affermare il tuo Personal Branding. Non fare branding su Facebook se non hai già impostato un'ampia e soddisfacente attività su LinkedIn.

LinkedIn come Social Network

Da qualche anno LinkedIn ha rafforzato le proprie funzionalità di Social Network. Ora la pagina principale, quella del feed, è diventata molto simile a quella di Facebook. Infatti è popolata da post di persone di tutti i tipi che pubblicano informazioni, aggiornamenti di mercato o normativi e, in generale, contenuti di carattere professionale.

Non manca ovviamente, essendo comunque un social network, la gente che "cazzeggia". Fortunatamente, se qualcuno non ti piace o è troppo… loquace, lo puoi zittire ed escludere dal tuo flusso.

Tra le ultime innovazioni introdotte da LinkedIn ci sono le Live Streaming. Come succede già su tante altre piattaforme, ora anche su LinkedIn è possibile creare contenuti in diretta con strumenti che diventano sempre più sofisticati e, ovviamente, in maniera completamente gratuita.

Sono arrivate anche le storie, sulla falsariga di Instagram e TikTok, ovvero contenuti che hanno una durata di 24 ore e che servono per creare un coinvolgimento ancora maggiore con i propri follower.

La componente social di LinkedIn è una grande opportunità di Personal Branding. Scrivendo post e articoli puoi affermare la tua competenza nei tuoi settori specifici e vantartene con tutti spudoratamente. Postando foto e video rilevanti per il pubblico che vuoi attrarre, puoi fidelizzare sempre più persone, ampliare la rete di contatti e diventare Influencer su uno o più argomenti.

Come sempre è importante dosare con saggezza i tuoi interventi. Innanzitutto devi evitare di postare foto e video di gattini e animali domestici e altre facezie. Per quello usa Facebook. Su LinkedIn le persone si aspettano una comunicazione seria e che abbia a che fare con il mondo del business.

Ecco perché consiglio vivamente, come parte del piano di sviluppo presente in questo libro, una pianificazione di contenuti atta a farti guadagnare sempre più reputazione nel tuo specifico settore.

Vedremo come in seguito.

Riassunto del Capitolo

L'Importanza di LinkedIn

Concetti chiave
- Se crei un profilo attraente troverai lavoro più facilmente
- Investi su LinkedIn e guadagnerai più denaro
- E potrai trovare collaboratori per la tua azienda
- E troverai anche un sacco di nuovi clienti!
- LinkedIn è il Social Network numero uno per professionisti e aziende

Lista di Azioni Da Fare
- Chiedi ai tuoi colleghi e/o collaboratori se usano LinkedIn.
- Guarda i tuoi ultimi post su LinkedIn, Facebook e/o Instagram. Stai usando ogni piattaforma nel modo corretto?
- Passa direttamente al prossimo capitolo!

I Primi Passi su LinkedIn

"Ogni lungo viaggio inizia con un primo passo."
Lao Tzu

Che cosa è un profilo LinkedIn

TU sei il tuo profilo LinkedIn!

Il tuo profilo è infatti un insieme di informazioni, riferimenti, collegamenti e contenuti che ti identificano nel tuo universo professionale. Nel tuo profilo devi dimostrare chi sei, quali grandi lavori hai fatto, quali sono i tuoi casi di successo e l'impatto che hai avuto durante la tua carriera.

Insomma il tuo profilo ti presenta come professionista, manager o imprenditore al resto del mondo e quindi deve far leva soprattutto su esperienze e capacità legate al mondo del business.

Ecco perché, nel corso di questo libro, sconsiglio di "inquinare" il tuo feed con commenti su politica, cronaca, religione o sport - a meno che per lavoro non tratti questi temi. Come su ogni Social Network, svelare alcuni "dietro le quinte" e dettagli su di te è un valore aggiunto. Ma se vuoi annullare ogni beneficio della tua attività su LinkedIn non c'è modo migliore che mettersi a litigare nei commenti in calce all'ennesima polemica politica o su una partita di calcio.

Il tuo profilo LinkedIn rappresenta una sintesi della tua carriera e di quanto di meglio tu possa esprimere professionalmente. Il profilo include le tue esperienze passate, il tuo ruolo attuale e le tue competenze professionali.

E mi raccomando, non tralasciare di aggiungere una foto, specialmente se hai un cognome molto diffuso. Immagina un potenziale cliente che ti sta cercando su LinkedIn e di te ricorda solo come ti chiami. Ti ha visto parlare a un evento e vuole assolutamente affidarti un incarico di prestigio. Allora ti cerca su LinkedIn ma c'è un piccolo problema: ti chiami Mario o Maria Rossi.

Se il tuo profilo è completo, hai specificato le tue esperienze e la tua posizione lavorativa è aggiornata e, soprattutto, hai caricato una bella foto in alta definizione dove si vede con chiarezza il tuo viso, il cliente ti troverà e ti contatterà per fare business.

Se invece trascurerai i passaggi descritti nelle prossime pagine, perderai un sacco di opportunità e di denaro.

Crea il tuo profilo

Nota: queste schermate potrebbero cambiare nel corso del tempo ma i concetti e i suggerimenti che ti offro rimangono validi.

LinkedIn ti chiede pochi dati per entrare nella piattaforma.

Nel primo passaggio, puoi decidere di fornire un indirizzo e-mail e una password oppure puoi collegarti con il tuo account Google. Sconsiglio questa seconda opzione: crea un nuovo account senza collegarti ad altri social o ad altri servizi per avere il massimo controllo e non fornire dati oltre a quelli che hai intenzione di dare.

Quale indirizzo e-mail devi usare? Quello privato o quello aziendale? Io ti consiglio di usare la tua e-mail personale e non una lavorativa o dell'università. L'account di LinkedIn è un tuo patrimonio personale e quindi non puoi rischiare di perderlo se, per esempio, cambi azienda. Anche se l'azienda è tua, usa comunque il tuo indirizzo personale, come per esempio nome.cognome@gmail.com

Se incredibilmente non hai ancora una casella di posta elettronica personale, creala ora! Se ce l'hai e usi servizi diversi da Gmail, vai subito alla sezione dove ti consiglio di crearti un account Google e fallo subito!

Per migliorare ulteriormente il tuo Personal Branding, nel capitolo Risorse suggerisco come puoi creare la tua e-mail con un dominio personalizzato. Ovvero, come avere una mail del tipo tuonome@cognome.it, per esempio. Un dominio personalizzato attira maggiormente l'attenzione e ti dà maggiore credibilità.

Se non vuoi perdere tempo e vuoi partire subito, usa qualsiasi indirizzo e-mail in tuo possesso; in seguito infatti potrai aggiungere tutte le e-mail che preferisci al tuo profilo per poi decidere quale usare come principale.

Il secondo passaggio richiede di inserire nome e cognome, **mi raccomando digita quelli veri!** Se hai un nome d'arte, per ora non usarlo. Se hai più nomi propri, limitati a quelli che usi comunemente quando comunichi. Io per esempio all'anagrafe mi chiamo Roberto Stefano Buonanno, ma non uso mai il secondo nome, e quindi non lo troverai da nessuna parte online.

LinkedIn poi ti chiede la tua azienda attuale e che ruolo ricopri. Io ho messo un'azienda multinazionale a caso negli esempi che seguono. Eh sì, se te lo stai chiedendo: **su LinkedIn puoi scrivere tranquillamente che sei il proprietario e CEO di Apple, Amazon o Microsoft**. Fino a quando qualcuno non ti beccherà, puoi mentire spudoratamente. Anche se non ti servirà a molto. Nell'esempio qui sotto, guarda come sono diventato agilmente titolare di Apple e che bel profilo professionale ho impostato!

Ti consiglio vivamente di aggiungere il tuo numero di telefono e, come nel caso dell'e-mail, metti quello del tuo telefono cellulare personale e non quello aziendale. Soprattutto se l'azienda non è tua. Questo dato ti servirà in seguito per aggiungere indispensabili strumenti di sicurezza al tuo account.

Complimenti, hai creato il tuo account! Ora come vedi qui sotto, LinkedIn passa alla schermata principale, quella del feed di contenuti, e inizia a suggerirti azioni per completare il tuo profilo.

Non temere, vedremo tutto assieme nelle prossime pagine!

Pro Tip: abilita SEMPRE l'autenticazione in due fattori, tramite SMS o app di autenticazione, su LinkedIn e su ogni altro servizio che permetta questo sistema di sicurezza aggiuntivo. Cerca su Google "Attivazione e disattivazione del processo di verifica in due passaggi su LinkedIn" per trovare la pagina della guida a riguardo.

Scegli il giusto tipo di account

Quando inizi a usare LinkedIn la piattaforma ti propone da subito i propri piani a pagamento.

Io suggerisco di partire con un normale account gratuito e, fino a quando non avrai perfezionato il tuo profilo, le parole chiave, impostato una foto professionale e avviato una strategia di contenuti, puoi aspettare a pagare per un piano a pagamento.

Nel mio caso ho usato l'account Premium per pochi mesi durante la mia permanenza su LinkedIn. Lo puoi infatti attivare a disattivare al bisogno. Quindi a meno di esigenze specifiche, il mio suggerimento è di attivare il tipo di abbonamento Premium che ti serve al momento del bisogno, fare quello che devi fare nel numero di mesi che ti serve e poi interromperlo e tornare un account gratuito.

Certo, potrebbe mancarti la calda e piacevole sensazione di avere il loghino LinkedIn dorato - il simbolo dei Premium. Ma se non ne hai veramente bisogno, puoi risparmiare le quote mensili.

Al momento della prima stesura di questo libro, LinkedIn offre quattro piani con diverse tariffe mensili che vanno da 30 a 90 euro al mese, IVA inclusa, come vedi qui sotto in figura.

Tutti i piani includono le seguenti funzionalità:
- Accesso ai corsi video di LinkedIn Learning (ex Lynda.com)
- Un certo numero di messaggi "InMail"
- La possibilità di vedere tutti coloro che hanno visitato il tuo profilo negli ultimi 90 giorni

Quale piano Premium scegliere?
Ecco una breve descrizione dei piani a pagamento.

- **Career** è pensato per chi cerca lavoro e quindi vuole strumenti per entrare in contatto con i reclutatori e avere maggiore visibilità nei loro confronti.
- **Business** è ideale per manager e imprenditori che vogliono espandere in ogni modo il proprio fatturato e la propria rete di contatti.

- **Sales** mette a disposizione lo strumento specifico Sales Navigator, con il quale puoi identificare potenziali clienti in base a determinati criteri di profilazione. È il piano ideale per Direttori Vendite e Commerciali.
- **Assumere**, infine, serve alle organizzazioni che vogliono reclutare tramite LinkedIn. Mette infatti a disposizione strumenti specifici per cercare collaboratori per la propria attività.

Quale piano scegliere? All'inizio parti con quello gratuito e poi, non appena vorrai sperimentare i piani Premium, ricorda che hai a disposizione un mese gratis. Per il tuo mese gratis puoi scegliere un piano qualsiasi e il mio consiglio è quello di usare il piano più costoso che sia adatto alle tue esigenze.

Ricorda anche che LinkedIn ti permette di interrompere il tuo abbonamento in qualsiasi momento e quindi, mese per mese, puoi decidere se procedere con il piano attuale, cambiarlo o annullare del tutto la sottoscrizione.

Arricchisci il tuo profilo

La primissima cosa che devi fare è caricare una tua foto. Trovi tutti i dettagli per scattare e pubblicare una foto perfetta fra qualche pagina. Per ora, parti caricando una foto bella o comunque accettabile, che hai già a disposizione e che ti ritrae in primo piano e in abiti professionali.

Avere una foto è fondamentale per il tuo successo su LinkedIn ed ecco perché dedico una sezione intera a questo argomento. A parte le questioni di gusti, le ricerche dimostrano che i profili con foto hanno una probabilità d'apertura di nove volte superiore a quelli senza foto. **Aggiungere una foto può ampliare il numero di visualizzazioni del tuo profilo fino a ventuno volte** e quindi ti farà ricevere più richieste di contatti e più messaggi. Vuoi correre il rischio che il tuo profilo sia ignorato per così poco?

Poi devi pensare a **un sommario che faccia effetto su chi visita il tuo profilo**, un vero e proprio riassunto che, in poche parole, elenca le parole chiave fondamentali per capire in quali attività eccelli, in che industria operi e con quale ruolo. Trovi maggiori info più avanti in questo capitolo.

Ci sono poi semplici ma importanti aggiunte che faremo subito.

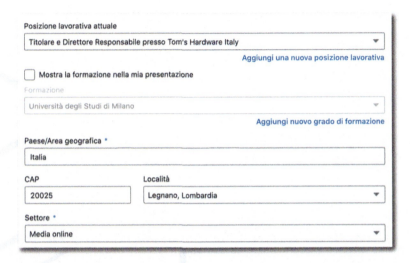

Innanzitutto aggiorna la tua posizione lavorativa. Ora puoi inserire una descrizione a tua scelta, scritta di pugno e non limitarti a quelle suggerite da LinkedIn in fase di creazione dell'account. Come vedi nella figura qui sopra io ho specificato "Titolare e Direttore Responsabile presso Tom's Hardware Italy": si tratta della testata giornalistica pubblicata dalla mia società e della quale ero il Direttore. Oggi anche questo ruolo è delegato.

Cura con attenzione l'area geografica d'interesse. Se abiti fuori città ma la tua attività lavorativa gravita attorno a Milano, inserisci Milano e non un paese della provincia. Meglio fare qualche chilometro in più per raggiungere persone interessanti che perdere potenziali clienti che non vogliono incontrare un… provinciale!

Ora va decisamente meglio! Non ti senti già più business influencer?

Infine, devi scegliere il tuo settore. Nella prossima figura vedi una piccola lista di quelli disponibili.

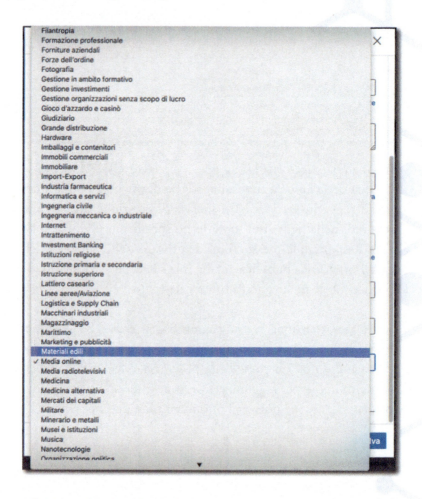

Io ho scelto "Media online". Potresti avere la fortuna di identificare immediatamente il tuo settore oppure potresti trovarti in una situazione ambigua. Per esempio, se hai attività in diversi settori, puoi sceglierne uno e uno solo. Ti consiglio di puntare a quello che devi espandere maggiormente o che ti dà la maggior possibilità di fatturato.

Infine, ricordati di **salvare sempre!** Non pensare che basta uscire dalle finestre per archiviare le tue modifiche. Bada bene di cliccare sul tasto "Salva" ogni volta che hai applicato un cambiamento. Se non lo farai, rischierai di perdere il lavoro fatto!

Non stupirti se non vedrai il tuo settore tra le informazioni riportate in bella vista nel tuo profilo. Si tratta di qualcosa che serve all'algoritmo che lavora dietro le quinte di LinkedIn, quindi per ora non preoccupartene.

Crea un URL personalizzato

Arnold Jackson direbbe: "*Willies che cosa diavolo è un URL personalizzato?*". URL è l'acronimo di Unique Resource Locator, ovvero un indirizzo Internet unico e inequivocabile che porta sempre e solo alla stessa risorsa. Può essere una pagina Web o l'indirizzo di uno specifico servizio. Per esempio, il mio URL personalizzato su LinkedIn è:

https://www.linkedin.com/in/roberto-buonanno/

In pratica digitando o copiando e incollando questo speciale indirizzo, si finisce sempre sul mio Profilo.

A cosa serve personalizzare l'URL Profilo su LinkedIn e come si fa?
Personalizzare l'URL che hai sulla piattaforma ha un bell'effetto dal punto di vista estetico e aiuta a trovare più facilmente il tuo profilo. Inoltre il tuo URL personalizzato ti dà un'impressione di maggiore professionalità ed è anche bello da vedere in curriculum o nelle tue presentazioni.

Arrivarci è un po' complicato, quindi **segui con precisione questi passi**. Per prima cosa, clicca sull'icona della matita affianco al tasto "Altro…" nella parte in alto a destra della pagina del tuo profilo.

Nella finestra che si apre, scorri in basso e clicca sul Link "Modifica le informazioni di contatto".

Informazioni di contatto

Aggiungi o modifica il tuo profilo URL, indirizzo email e altro

Modifica le informazioni di contatto

Ora clicca sulla piccola icona evidenziata nella figura qui sotto, appena a destra del tuo attuale URL profilo.

URL profilo

linkedin.com/in/roberto-buonanno

E non è ancora finita! Ora vedrai la tua pagina delle "Impostazioni profilo pubblico"; guarda in alto a destra e clicca sulla matita affianco al tuo URL profilo.

🔗 Modifica il tuo URL personalizzato

Personalizza l'URL del tuo profilo.

www.linkedin.com/in/roberto-buonanno

Ora puoi finalmente modificare il tuo indirizzo personale su LinkedIn!

Solitamente LinkedIn imposta il tuo URL profilo con una sequenza composta da nome - trattino - cognome seguiti da un altro trattino e una sequenza di numeri e lettere senza senso. Per esempio, il mio profilo iniziale era: "roberto-buonanno-b929471a7".

Il primo tentativo che devi fare è di togliere tutto quello che c'è dopo il tuo cognome, incluso il trattino. Chi è fortunato e non ha omonimi su LinkedIn che hanno già personalizzato il proprio profilo, si troverà con un URL profilo unico e invidiabile.

Se il tuo nome e cognome sono già in uso, vedrai l'errore evidenziato nella figura che segue. Questo è il caso del mio manager Alberto.

www.linkedin.com/in/albertomartinelli
URL non disponibile. Prova con un altro URL.

Se il tuo nome in formato "nome-cognome" è già occupato hai queste possibilità.

- Prova senza trattino, ovvero "nomecognome" tutto attaccato. Per esempio: robertobuonanno
- Prova a invertire cognome e nome: buonanno-roberto per esempio, con e senza trattino
- Aggiungi in mezzo un secondo nome: roberto-stefano-buonanno eventualmente invertendo nome e cognome, es: buonanno-stefano-roberto
- Usa uno pseudonimo con il quale sei conosciuto come secondo nome al centro, es: roberto-keledan-buonanno
- Usa solo lo pseudonimo se è veramente popolare e lo usi spesso: keledan
- Aggiungi un titolo o una qualifica: dr-roberto-buonanno anche se sconsiglio di inserire delle qualifiche di questo tipo a meno che non sia l'ultima scelta
- Aggiungi l'anno di nascita: roberto-buonanno-75
- Inserisci tra nome e cognome, o dopo il cognome, il nome di un marchio che ti faccia riconoscere: roberto-toms-buonanno oppure roberto-buonanno-toms

Insomma, scatena la fantasia e ce la farai! Nota bene, LinkedIn non controlla che tu stia inserendo dati corrispondenti alla realtà e quindi è possibile anche impersonare in maniera leggermente fraudolenta altre persone, come un VIP per esempio.

Hai mai sognato di essere un famoso campione di motociclismo?

Personalizza l'URL del tuo profilo.

www.linkedin.com/in/valentino-rossi

Ovviamente, sconsiglio questa pratica a chiunque se non, eventualmente, al diretto interessato.

Una volta che hai trovato l'URL profilo personalizzato che fa per te, salvalo nei tuoi appunti e inizia a usarlo nelle tue presentazioni e nel tuo curriculum.

Non uscire da questa pagina di LinkedIn, abbiamo ancora una cosa da fare qui, che vedrai nella prossima pagina!

Pro Tip: in questa fase potresti già pensare, se ancora non l'hai fatto, di registrare anche un dominio Internet che corrisponda al tuo URL personalizzato. Per esempio, robertobuonanno.it.

Imposta il tuo Profilo come Pubblico

Nella sezione precedente hai visto come arrivare nella pagina "Impostazioni profilo pubblico", dove ora devi fare un altro passaggio. Affinché il tuo profilo LinkedIn abbia la massima visibilità devi impostarlo come totalmente pubblico, così che sia visibile anche da Google e da altri motori di ricerca e, in generale, da chiunque a prescindere che sia iscritto o meno alla piattaforma.

La mia impostazione era quella che vedi nella figura qui sotto, fai attenzione all'elemento contornato in rosso.

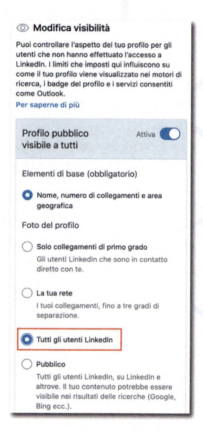

Ora seleziona "Pubblico" e imposta tutti i selettori successivi su "Mostra" in modo che il risultato finale sia come vedi qui sotto.

Ben fatto, ora potrai inserire l'URL del tuo profilo pubblico nella firma delle tue e-mail e in ogni comunicazione intenta a farti conoscere.

Carica una foto professionale

Ormai l'hai capito, LinkedIn ti permette di caricare una foto nel tuo profilo. Come ho sentito dire da diversi formatori, *"non hai una seconda possibilità per fare un'ottima prima impressione"*. E che ti piaccia o meno, la nostra civiltà è ancora parecchio legata all'immagine. Soprattutto in un mondo digitale nel quale non è possibile esprimerti diversamente, come per esempio con la postura, l'atteggiamento corporeo o con il tuo carisma naturale. **Il primissimo dettaglio che attira l'attenzione di chi visita il tuo profilo è la foto**. Ecco perché è importante curarla. Il secondo è l'immagine del profilo, che approfondiamo più avanti. Il resto viene dopo.

Insomma, è fondamentale usare una foto di qualità, che attiri l'attenzione e ti aiuti a costruire da subito un'immagine professionale. Prima di scattare questa foto, devi curare il tuo aspetto in maniera maniacale. Già che ci sei, approfitta di questa occasione per realizzare un "book" di foto professionali che poi ti serviranno per molti altri usi. E se appartieni alla schiera di eletti che già ce l'ha, potresti decidere di aggiornarlo con una nuova sessione di "shooting" fotografico.

Qui sotto vedi come risulta un profilo senza immagini. Concordiamo sul fatto che è veramente insignificante?

Nella figura seguente, c'è un altro esempio di sbaglio molto comune su LinkedIn. Questo mio collegamento ha inserito il logo aziendale al posto della sua foto. Non va bene, qui ci deve essere per forza il tuo volto!

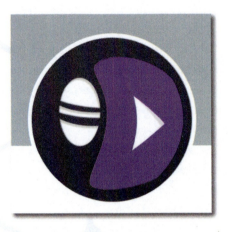

Ecco alcuni consigli pratici per avere un'ottima foto del profilo:

- Usa una foto che ti ritrae in primo piano, il tuo viso deve occupare almeno il 60% della foto.
- La foto deve essere tua, non deve inquadrare nessun altro, non devono esserci animali domestici, figli, parenti e colleghi.
- Per gli uomini: devi essere fresco di rasatura o appena uscito dal barbiere se porti la barba, e già che ci sei, passa anche dal parrucchiere - o rasati se hai i capelli molto corti!
- Per le donne: devi essere al massimo della tua forma, quindi preparati al giorno dello scatto visitando estetista e parrucchiere e sii al top come se dovessi andare al primo appuntamento con l'amore della tua vita!
- Sfoggia un bel sorriso che comunichi confidenza ma che non sia forzato.
- Sii come sei nella vita di tutti i giorni; se sul lavoro usi gli occhiali, indossali senza timore.

- Mi raccomando non caricare foto della prima comunione! So che ti piacevi di più a vent'anni, ma se ne hai oltre cinquanta ricorda che LinkedIn non è un sito d'appuntamenti. Non devi conquistare l'anima gemella, magari anche con qualche piccolo stratagemma. Devi farti vedere come il o la professionista che sei.
- Cura l'abbigliamento. Da un sales manager mi aspetto di vedere giacca e cravatta, i creativi stanno bene anche con t-shirt colorate. Se nel profilo vanti di gestire un'impresa multimilionaria, indossa un abito su misura o comunque prestigioso.
- In poche parole, indossa gli abiti che sceglieresti per il tuo appuntamento lavorativo più importante.
- Ti consiglio di affidarti a un fotografo professionista o ad amici appassionati di fotografia. Se possibile, non accontentarti di una foto scattata con il telefono, fatti immortalare con fotocamere professionali.
- Che ti rivolga a professionisti o amici, fatti scattare la foto da qualcun altro! Evita a tutti i costi di usare un selfie o un autoscatto per il tuo profilo LinkedIn.
- Cura molto l'illuminazione, il tuo viso deve risultare luminoso e radioso e i giochi d'ombra devono essere da maestro del ritratto.
- Usa uno sfondo a tinta unita per focalizzare l'attenzione su di te.
- Carica una foto in alta risoluzione! Il massimo consentito è 8MB, sfruttali tutti.
- Vacci piano con i filtri. LinkedIn offre vari filtri per modificare l'aspetto finale della tua foto. Non esagerare, non pubblicare una foto palesemente artefatta o "photoshoppata": sarebbe un boomerang per la tua immagine.
- Non caricare foto in bianco e nero! Usa i colori.

Ora hai tutti le informazioni per offrire l'immagine di te migliore possibile sul tuo profilo.

Pro Tip: già che ci sei, usa questo nuovo set di fotografie per tutti i tuoi social network. In questo modo darai un'immagine coerente e consistente di te su Internet.

Le parole da evitare nel tuo profilo

Prima di addentrarci nelle varie sezioni del profilo dove ti descriverai, devo darti delle preziose avvertenze. **Leggi con attenzione queste pagine prima di procedere!**

Ci sono diverse parole che su LinkedIn sono abusate e che ti farebbero sembrare "Tutto chiacchiere e distintivo". A tal punto che i reclutatori e gli head hunter le usano, durante le loro ricerche, per identificare i profili da scartare.

Se non vuoi rischiare di bruciare le tue possibilità con potenziali datori di lavoro, clienti o partner di business, ecco un elenco di parole da evitare tratto da diversi siti Web e rivisto e ampliato dal sottoscritto.

La Top 7 delle parole da evitare

LinkedIn e altre realtà si divertono a stilare l'elenco delle parole più abusate di ogni anno. Brenda Bernstein, che cito anche nella bibliografia, ha stilato l'elenco delle sette parole più ricorrenti degli ultimi anni.

Evita questi termini! A meno che, per qualche motivo misterioso, non siano essenziali o vitali per descriverti.

1. **Specializzato** o **specializzata**. Io ci aggiungo anche specialista.
2. **Esperto** o **esperta**. L'esperienza si dimostra nel curriculum e con i casi di successo, non si vanta come fosse un titolo di studio.
3. **Leadership, leader**. Anche in questo caso, dimostralo con i fatti e con le referenze dei tuoi ex colleghi che coordinavi.
4. **Appassionato o appassionata**. E chi se ne cale? Nel business contano i risultati.

5. **Grande abilità di...** Beh, vediamo l'ultimo sito che hai sviluppato o la tua più recente pubblicazione scientifica. Pubblica i tuoi lavori e sarà il pubblico a stabilire quali siano le tue abilità.
6. **Creativo o creativa.** Sentivi l'esigenza di un creativo che ti ribalti l'azienda da cima a piedi ogni due mesi vero?
7. **Strategico.** "Certo, mi insegni il pensiero strategico, mentre io solitamente gestisco le cose a caso per divertirmi un po'".

La mia personale TOP 10 di parole da NON usare su LinkedIn
Ecco la mia lista personale che completa la top 7 qui sopra.

- **Motivato** o **motivata**. E ci mancherebbe altro, chi scriverebbe "sono demotivata e in crisi da anni, assumimi?!"
- "**Skillato**" o **skillata**. Inserisci nel tuo profilo un neologismo spaghetti English alla "Milanese Imbruttito" e hai chiuso ancora prima d'iniziare.
- **Di Successo**. Mi viene la battuta, allora perché sei su LinkedIn a cercare lavoro? Hai già tutto quello che si può desiderare dalla tua vita e dalla tua carriera.
- **Focalizzato** o **focalizzata**. Strano, pensavo che nel curriculum mettessi "Distratto, svogliato, passo buona parte della giornata a guardare video di cucina su Instagram".
- **Giovane e dinamico**. Di aziende giovani e dinamiche sono pieni i registri delle procedure fallimentari.
- **Ragazzo o ragazza giovane**. I ragazzi dovrebbero avere tutti la qualità intrinseca di essere anche giovani? Almeno così dice il vocabolario della lingua italiana.
- **Eccellente**. Mi ricorderò per sempre la scena di Braveheart riguardo a questo aggettivo. Re Edoardo confida al figlio ed erede la propria preoccupazione per l'escalation dei ribelli. Phillip, amico del principe, si permette di dare

consigli non richiesti e, interrogato sulle sue qualifiche per poter consigliare un re, risponde prontamente: "Eccello nella strategia militare e nell'arte della guerra". Re Edoardo lo prende sottobraccio e gli chiede: "E cosa mi consiglieresti in questo periodo?". Purtroppo non attende la risposta e butta Phillip dalla finestra della torre. Vuoi fare la stessa fine?

- **Orientato od orientata ai risultati**. Peccato, io cercavo qualcuno da pagare solo per scaldare la poltrona per otto ore al giorno, senza attenzione al valore o ai risultati prodotti.
- **Dott. Cav. Lup. Mann. Gran Figl. di…** Ce lo ha insegnato il grande e compianto Paolo Villaggio. Se fai precedere il tuo nome da una sfilza di qualifiche, tra i quali la fantozzesca "DOTTORE", ti ridicolizzi. Fallo solo se sei veramente un medico, ma anche in quel caso, ce n'è veramente bisogno? Su LinkedIn evita assolutamente i titoli, chi li vuole verificare guarderà il tuo percorso formativo nella sezione dedicata del tuo profilo.
- **Formatore / educatore / trainer / coach**. Da usare con i piedi di piombo e solo se hai tutte le qualifiche per dichiararti tale!
- **Solare**. Ma che sei, un pannello fotovoltaico? Vale anche per socievole, simpatico o simpatica, allegro o allegra, cordiale, gioviale. Anche se niente è più ridicolo di "solare".

Pro Tip: cerca su Google "Parole da evitare nel curriculum" e divertiti a leggere gli articoli a riguardo.

Scrivi un grande Sommario

Il tuo Sommario, o "headline" in inglese, è una breve frase che appare sotto la foto, nella zona più visibile del tuo profilo di LinkedIn. Si tratta di un elemento fondamentale che ti permette di spiegare in poche parole cosa puoi fare per gli altri. Appare anche nel feed della Homepage, vicino a ogni contenuto che pubblichi; praticamente lo vede chiunque visiti il tuo profilo LinkedIn o consulti i tuoi contenuti. Ecco perché è fondamentale e può cambiare radicalmente l'efficacia e i risultati del tuo lavoro su LinkedIn.

Il Sommario inoltre è un elemento fondamentale per la tua SEO, ovvero per l'efficacia del tuo profilo rispetto ai risultati di ricerca di LinkedIn. **Se vuoi che il tuo profilo sia trovato da chi cerca specifiche parole chiave, deve contenerle.**

LinkedIn di default imposta il tuo sommario limitandosi a riportare la carica ricoperta presso l'azienda od organizzazione che hai impostato. Per esempio "Specialista Marketing presso Microsoft". Essenziale, sincero, ma non dice niente di quello che sei veramente e soprattutto del valore che puoi dare a chi ti incontra sulla piattaforma.

Riporto l'esempio visto su un corso online proprio su LinkedIn Learning. Immagina di lavorare alla Tesla e, per caso, incontri Elon Musk in ascensore. Ebbene hai 30 secondi per impressionare il tuo CEO, un essere quasi mitologico, un visionario straricco e che potrebbe finalmente notarti.

Ecco, **scrivendo un sommario efficiente devi attirare l'attenzione su di te** in poche parole e fare una splendida impressione: assicurati di sintetizzare le tue eccellenze e cosa offri al mondo.

Qui sotto vedi il mio profilo prima che iniziassi a migliorarlo sul serio. Come si nota, a parte la foto che è sicuramente professionale - a prescindere che piaccia o meno la mia splendida faccia - il resto è molto scarno. Il sommario si limita a "Business Owner at Tom's Hardware Italy". Quindi, chi trova il mio profilo - a meno che non mi conosca già o non conosca la mia azienda - non avrà la minima curiosità riguardo a me. Figuriamoci se poi avrà voglia di contattarmi o di accettare i miei inviti di collegamento.

Questi sono i dati che LinkedIn imposta in automatico quando inserisci l'attuale posizione e azienda presso la quale lavori. Nota, anche la grafica è quella precedente di LinkedIn!

Un profilo troppo spoglio

Come evitare brutte figure su LinkedIn
TI PREGO! Evita che il tuo profilo riporti la formula imbarazzante "**CEO at Myself**". Questa è impostata in automatico da LinkedIn quando una persona che lavora in proprio si definisce Chief Executive Officer - Amministratore Delegato - di un'azienda che definisce "Myself", sé stesso o sé stessa. È un ottimo modo per essere presi in giro e attirarsi addosso un po' di battute. Io per esempio evito come la peste le persone che si presentano così perché le trovo imbarazzanti.

Quindi come fare se lavori in proprio o se, semplicemente, al momento non hai un'azienda tua o non collabori con nessuna impresa? Semplice, come chiunque altro, cambia completamente il tuo Sommario seguendo i consigli qui sotto.

Consigli per scrivere il tuo Sommario
- Chi sei, o chi vorresti essere?
- Cosa fai di particolare o speciale?
- Perché il tuo lavoro è diverso?
- Cosa ti distingue dagli altri e come pensi di contribuire al mondo o al tuo settore professionale?
- Come puoi contribuire alla vita personale e professionale di chi sta leggendo il tuo sommario?

Non hai ancora trovato una formula che ti soddisfa? Prova a seguire questi tre passi:

1. Usa parole chiave riconosciute nella tua industria
2. Poi scrivi esattamente cosa fai e per chi lo fai
3. Sottolinea abilità e passioni uniche o vantaggi unici che puoi portare a chi ti legge

In che lingua scrivo il sommario?
LinkedIn permette di creare il tuo profilo in più lingue. Se vuoi "sbatterti" il minimo possibile e quindi non vedi di buon occhio un profilo multilingue, ecco tre consigli per avere il massimo con il minimo sforzo.

1. Se hai molti clienti all'estero, scrivendolo in italiano limiteresti la portata del tuo profilo. Scrivilo nella lingua più parlata dai tuoi clienti o, nel dubbio, in inglese.
2. Un sommario in inglese "Fa figo" e ti fa sentire un po' "Milanese Imbruttito".
3. Diamo per scontato che i tuoi contatti sappiano quel poco d'inglese che basta per capirti.

Nel mio caso, ho pensato che ho due mercati importanti nel mio lavoro: quello dell'editoria online e quello dell'influencer marketing. In attesa di convertire il mio profilo alla doppia lingua italiano / inglese, in una fase intermedia avevo deciso di optare per il solo inglese.

"Digital Entrepreneur connecting companies to Influencers and Online Media to provide the best results for their money."

A occhio e croce "Imprenditore del digitale che connette aziende a influencer e pubblicazioni online per far loro ottenere i migliori risultati rispetto agli investimenti."

Che te ne pare, è abbastanza… "imbruttito"?

Un profilo già leggermente migliore

Ovviamente avrai notato che nel sommario non cito che sono un autore di libri, giornalista, Direttore Responsabile, consulente aziendale, formatore esperto di eSport o qualsiasi altra cosa possa vantare nella mia esistenza. Nel sommario infatti hai pochissimi caratteri a disposizione e devi sfruttarli per focalizzarti su una o due cose veramente fondamentali per la tua carriera e per il tuo business.

Cosa scrivi nel Sommario se non hai nessuna esperienza?
Tornando al punto di partenza: lavori in proprio, hai appena finito il corso di studi, non hai esperienze lavorative o case history altiso-

nanti alle quali fare riferimenti. Magari ti autodefinisci anche con la orrenda e demotivante espressione "disoccupato" o "inoccupata". Cosa metti nel tuo sommario?

Mettici i tuoi sogni e parla della tua formazione! Per esempio "Sogno di portare l'intelligenza artificiale nelle linee di produzione" oppure "Studio strategie per cambiare l'approccio delle aziende ai Social Network". Spremi la fantasia e vedrai che troverai una descrizione di te accattivante e certamente migliore che "attualmente in cerca di lavoro".

Il mio sommario definitivo in italiano

Si può migliorare ulteriormente? Ma certo. Ecco il mio profilo dopo una consulenza con il mio "Growth Hacker" di fiducia, Stefano Pisoni - trovi i suoi riferimenti nella sua biografia alla fine del libro.

Come vedi ora il mio Sommario è in italiano! Abbiamo infatti stabilito che ottimizzeremo il profilo in italiano e poi introdurremo l'inglese come lingua aggiuntiva in un secondo momento.

Ora il Sommario è più diretto ed esplicito, lascia poco all'interpretazione e va dritto al segno. Inoltre ho aggiunto che sono proprietario di Tom's Hardware siccome è un brand di successo, sul quale fare leva. E che sono un Autore, altrimenti non staresti leggendo questo libro!

Abbiamo deciso inoltre di rimuovere la mia formazione presso l'Università degli studi di Milano. Non faccio un lavoro accademico, sono un imprenditore e quindi non ho bisogno di esplicitare il mio percorso di studi per cercare lavoro. E poi alla fine non mi sono nemmeno laureato :)

Avrai notato anche una grafica diversa nello sfondo. Se ha solleticato la tua curiosità, scoprirai come impostarla anche tu nella prossima sezione!

Carica una foto di copertina

La foto di copertina ti dà un contesto e un contegno. Si tratta dell'immagine che trovi in alto nel tuo profilo, e che parzialmente fa da sfondo alla tua foto.

La prima regola è che, piuttosto che lasciare l'immagine di default, è meglio che carichi una qualsiasi altra immagine. LinkedIn richiede un'immagine di dimensioni 1.584 x 396 pixel. Se non sai di cosa sto parlando, non hai esperienze di grafica o non hai a disposizione uno studio grafico, non preoccuparti. Per iniziare basta prendere una tua bella foto assieme al tuo gruppo di lavoro o ai tuoi clienti oppure nel tuo ambiente operativo.

Per esempio i formatori adorano pubblicare foto che li ritraggono sul palco, mentre sono protagonisti di un intervento. Gli imprenditori potrebbero ritrarre la sede della propria azienda, se rappresentativa, oppure un negozio, un punto vendita o la stretta di mano per la firma di un accordo prestigioso. Chi vuole darsi un tono potrebbe sfoggiare la foto ricordo di quando ha incontrato una super star del proprio settore o, in generale, un guru, un politico o una personalità di prestigio. L'importante è che sia un personaggio coerente e non solo un modo sterile per vantarsi delle proprie conoscenze altolocate.

Come suggerimenti su cosa non caricare, valgono quelli della foto del profilo: chi non svolge attività di veterinaria non carichi foto di animali domestici, evitare immagini di figli, parenti o nipoti. Appari sempre in abiti eleganti o nel tuo completo professionale. Per esempio, una hostess potrebbe usare la propria divisa o un tailleur.

Insomma il mio profilo era decisamente difettoso.

Nell'immagine qui sopra vedi lo sfondo standard di LinkedIn. Suggestivo ma inutile per il tuo personal branding. La grafica vecchia di LinkedIn almeno aveva un piacevole motivo azzurro. I colori nuovi ti fanno sembrare ancora più anonimo! In questa fase, se non hai già un'immagine ad hoc, carica piuttosto una bella foto qualsiasi che riguardi la tua attività lavorativa. Fai attenzione se pensi di inserire loghi o scritte: vanno posizionati correttamente. Questo perché la modalità di visione dell'immagine di sfondo cambia a seconda del tipo di dispositivo che usi per accedere a LinkedIn.

Se non sai come si realizza una grafica e non vuoi spendere del denaro per rivolgerti a degli esperti, puoi cavartela anche da te. Potresti per esempio usare servizi online parzialmente gratuiti come canva.com o Photopea.

Nel mio caso, ho aperto un account su Canva e non avevo a disposizione una foto da usare come base. Nessun problema! Il sito ti offre una serie di modelli gratuiti da personalizzare a tuo piacimento.

Nella schermata principale inserisci LinkedIn nella casella di ricerca, e come vedi il sito ti propone già il formato per le foto di copertina con le dimensioni esatte.

Puoi scegliere uno dei modelli presenti e personalizzarne i testi, oppure caricare una tua foto e creare un'immagine esclusiva e unica. Il tutto con facilità e senza usare strumenti complessi come Photoshop.

Qui sotto vedi una foto di copertina che ho creato in pochi minuti unendo un paio di foto grazie a Canva. Che ne pensi? E ora è il tuo turno!

Pro Tip: sia che ti rivolga a un'agenzia o che realizzi le grafiche da te, già che ci sei, crea un'immagine coordinata per tutti i social. Ovvero, usa questa copertina che hai appena pensato per LinkedIn, adattata in base alle regole di ciascuna piattaforma, anche su YouTube, Facebook e le altre piattaforme che frequenti.

Informazioni, la sezione dove ti presenti al mondo

Solitamente chi ti visita ha letto il tuo Sommario, ha visto la tua foto e ti ha trovato interessante. Se hai seguito le mie indicazioni, avrai anche una bella Foto di Copertina e quindi avrai dato una prima impressione professionale e di grande effetto.

Il passaggio successivo del visitatore è la visione delle prime righe delle tue Informazioni, che quindi devi impostare nel modo più accattivante e attraente possibile.

La sezione Informazioni, in inglese Summary, ti lascia ampio spazio per scrivere una dettagliata presentazione delle tue capacità e dei tuoi successi. È una vera e propria "lettera di vendita" che ti consente di **farti pubblicità in maniera spudorata**.

Devi vantare le tue competenze uniche, le tue capacità, la tua formazione, i tuoi successi.

E lo devi fare usando tutte le parole chiave fondamentali per il tuo settore. Per esempio, se vuoi apparire nelle prime posizioni di chi cerca un'estetista su LinkedIn, devi usare le parole chiave legate alla professione. "Estetista", "Centro Estetico", "Epilazione" solo per citare le prime che mi vengono in mente.

Nel mio caso, ho puntato molto sulle parole chiave "Influencer Marketing" e "Online media". Nel box delle informazioni puoi scrivere veramente tanto, ben duemila caratteri. Cerca comunque di focalizzarti: non puoi inserire keyword e specialità di dieci settori. Meglio se ti concentri su una sola industria, al massimo due se sono correlate. Per esempio, Ristorazione e Hotel.

Come anticipato, **quando qualcuno visita il tuo profilo legge solo le prime tre righe delle tue Informazioni**. Chi vuole approfondire deve cliccare sul link "visualizza altro". Di conseguenza, la primissima riga delle tue Informazioni deve essere di grande impatto. Per usare il linguaggio del giornalismo online, devi fare "click bait": la prima riga deve essere un'esca per i click. Quindi attira l'attenzione scrivendo tutto in maiuscolo e ponendo una domanda a effetto. Qui sotto vedi quello che ho scritto io in uno dei passaggi intermedi dell'affinamento del mio profilo.

Come vedi, ho scritto la prima riga in maiuscolo ma il box ha un aspetto un po' piatto e monotono.

Se vuoi dare maggiore impatto, puoi usare dei simbolini grafici simpatici e d'impatto che impreziosiranno il tuo testo, come per esempio delle freccine come questa ➡ o degli elementi di spunta come questo ✅. I nostri computer hanno numerosi elementi grafici come quelli che ho usato, disponibili in specifiche raccolte di caratteri o Font.

Inoltre, prova a inserire prima del "visualizza altro" una call to action, ovvero un invito a fare qualcosa come per esempio contattarti o aprire una determinata pagina web.

Guarda come cambia la mia descrizione con questi piccoli accorgimenti.

Ora c'è un po' di colore in più e faccio capire, anche a chi non cliccherà su "Visualizza altro", che sono disponibile per contatti da

parte di chi voglia una consulenza su quello che descrivo nel mio profilo, ovvero l'Influencer Marketing.

Nelle pagine successive vediamo alcuni esempi di Informazioni per farti capire come sfruttare al massimo questa possibilità di promuovere chi sei, cosa fai e cosa offri su LinkedIn.

Alcuni profili ideali

In questa sezione vi mostro i profili di persone di professioni diverse che secondo me hanno fatto un ottimo lavoro e che potreste prendere come esempio.

Innanzitutto parto con il mio guru di LinkedIn, Stefano Pisoni: https://www.linkedin.com/in/stefanopisoni

Stefano ha impostato in maniera perfetta il proprio profilo con un'immagine professionale e pulita. Gli consiglierei solo, per la foto, un primo piano un po' più ravvicinato. Visita il suo profilo e guarda come la sezione delle informazioni sia praticamente perfetta a sua volta.

Giuseppe Astone - https://www.linkedin.com/in/giuseppeastone/ - usa una tecnica molto intelligente: impiega la foto di sfondo come se fosse uno striscione pubblicitario per i propri servizi.

Lo sfondo dal punto di vista grafico non è il massimo ma sicuramente lancia un messaggio che colpisce nel segno!

Raffaele Gaito - https://www.linkedin.com/in/raffaelegaito/ - è uno specialista di LinkedIn che ho intervistato per il mio libro.

E ha un profilo perfetto! Usa una foto simpatica e accattivante e sfrutta lo sfondo per promuovere il suo ultimo sforzo editoriale.

Insomma questi sono solo alcuni esempi di profili impostati veramente bene e dai quali puoi prendere spunto. Ora non hai più scuse, fai del tuo meglio e, se la fantasia non è il tuo forte… prendi ispirazione dai migliori!

Aggiorna le tue esperienze lavorative

Tieni sempre aggiornata la tua posizione lavorativa a ogni cambio o avanzamento di carriera. Non c'è nulla di peggio di un profilo abbandonato o con informazioni obsolete. Piuttosto, se pensi che hai ottenuto quello che volevi da LinkedIn, sospendi il profilo invece che lasciarlo non aggiornato.

Secondo LinkedIn, aggiornando le tue esperienze lavorative il tuo profilo riceverà 8 volte più visite e 5 volte più richieste di connessione. E non solo, **riceverai dieci volte più messaggi** che potrebbero portarti buone notizie e nuove opportunità professionali.

Anche in questo caso, LinkedIn permette di ampliare a piacere le informazioni di base. Ecco per esempio le esperienze lavorative del mio profilo che, devo ammettere, ho sempre curato poco. Il bello di un profilo così trascurato è che non ho dovuto cercare ovunque per dei pessimi esempi da inserire nelle figure di questo libro!

Come è possibile che questo disgraziato riassuma 15 anni di lavoro con poche sterili parole come "Business Development, sales, PR"? Ah dimenticavo, sono io questo disgraziato!

Guardate come ho aggiornato la Descrizione, usando lo stesso stratagemma visto per le Informazioni.

> **Country Manager Italy**
> Purch · A tempo pieno
> lug 2003 – mag 2018 · 14 anni 11 mesi
> Legnano
> HO LANCIATO IL SITO TOM'S HARDWARE IN ITALIA PORTANDOLO DA ZERO A TRE MILIONI DI FATTURATO.
> Da subito Tom's Hardware Italia è stato un successo editoriale e si è posizionat(…visualizza altro

Che ne pensi? Ho stimolato abbastanza il visitatore a cliccare su "visualizza altro"? Se ti chiedi come continua la mia storia, ti invito a leggerla direttamente sul mio profilo, nella sua versione aggiornata su LinkedIn: https://www.linkedin.com/in/roberto-buonanno/

Ti starai chiedendo: "*ma devo veramente vantarmi così tanto?*" La mia risposta è "***Sì, fintanto che quello che scrivi è vero***".

Io in questa descrizione non ho scritto niente di falso. Personalmente, grazie al duro lavoro e ai sacrifici miei e del mio team, sono passato da non riuscire a pagarmi neanche 400 euro al mese - con la mia fidanzata e futura moglie che mi pagava la spesa al supermercato - a guadagni annuali di sette cifre. I miei concorrenti, e soprattutto i tuoi, non hanno alcun pudore reverenziale nel vantare ogni loro minimo risultato. E spesso e volentieri, raccontando bufale cosmiche.

Il tuo compito è di fare marketing personale in maniera spettacolare ma sincera. E quindi sì, **tiratela di brutto**, se non lo fai nella pagina del tuo profilo personale, dove dovresti farlo?

Ti do alcuni suggerimenti su **come scrivere una Descrizione d'impatto.**

- Scrivi sempre in prima persona.
- Usa paragrafi di un paio di righe, separati da un'interlinea - un paio di "a capo".
- Usa la tecnica dello storytelling: racconta una storia, non scrivere un freddo elenco di cose fatte.
- Usa gli elenchi puntati solo per sottolineare risultati specifici, storie di successo e passaggi fondamentali della tua carriera.
- La prima riga scrivila tutta in maiuscolo per attirare l'attenzione.
- Secondo il Mio Growth Hacker, Dovresti Anche Scrivere in Questa Maniera, con Tutte le Lettere Iniziali in Maiuscolo. Ma non è un obbligo!

Nota bene, LinkedIn ti offre la possibilità di condividere con tutta la tua rete gli aggiornamenti dell'attuale posizione lavorativa. Quindi a maggior ragione, cura in maniera maniacale quanto scrivi e approfittane per avere un ottimo momento di visibilità. Anzi, approfittane e aggiorna spesso la posizione lavorativa attuale: a ogni promozione e, perché no, a ogni nuovo successo da condividere!

Cosa fare con le esperienze lavorative precedenti?

Quando aggiungi o aggiorni un'esperienza passata, LinkedIn non lo notifica alla tua Rete.

Devi comunque tenere aggiornate le esperienze lavorative passate. Per te è infatti fondamentale avere una memoria storica dei tuoi successi e dei passaggi fondamentali della tua carriera.

Aggiungo anche esperienze di Volontariato e Beneficienza?

Certo che sì! Anche se non si tratta di un argomento meramente professionale, è molto importante specificare che dedichi il tuo tempo a una o più attività di volontariato o benefiche, in maniera gratuita, per dare il tuo contributo alla società. Mi raccomando, non devi mai pubblicizzare la beneficenza vera e propria: se doni denaro per contribuire a una causa, devi farlo in privatezza nella maggior parte dei casi. Ovviamente è ok promuovere una raccolta di beneficenza condividendo un post o creando un contenuto. Ma non sognarti mai di scrivere cose del tipo "*ho donato 148 euro a questa ONLUS*". Piuttosto, scrivi "*ho fatto la mia parte*" senza fornire ulteriori dettagli.

Tornando al lavoro da volontario, che sia per la Croce Rossa che per altri enti, specificalo esattamente come si fa con un'esperienza lavorativa. Ovvero, inserisci sia le attività svolte in passato che quelle attuali. Questo ti serve per dare maggiore profondità al tuo profilo ma non deve prendere il sopravvento sulle tue informazioni professionali: dedica a ciascuna prestazione di volontariato massimo una o due righe.

Dedica più spazio solo se, come nel caso nella figura qui sotto, hai realizzato un'opera specifica che va a completare ulteriormente il quadro delle tue abilità. Questa persona per esempio ha scritto un manuale educativo per Medici Senza Frontiere, e giustamente lo mette in primo piano.

Inserisci Siti di riferimento

Cosa sono i Siti di riferimento?
Si tratta di pagine web rilevanti per la tua attività professionale. Io do questa cosa per scontato siccome gestisco un sacco di siti Internet di grande importanza. Ma ogni tanto mi fermo a riflettere che molti non posseggono nemmeno un sito!

Struttura il tuo profilo LinkedIn come una *"landing page"*. Ovvero, una pagina dove "atterrano" persone interessate a te e a quello che fai. E come ogni landing page che si rispetti, deve offrire delle "call to action", delle chiamate all'azione. In poche parole, inviti i tuoi visitatori a compiere specifiche azioni, quasi sempre puntando a una risorsa esterna a LinkedIn.

Ecco degli esempi di Call to Action:
- Scarica la guida gratuita
- Pianifica una chiamata / appuntamento con me
- Guarda i miei case study
- Guarda la mia video intervista
- Guarda le mie citazioni sui giornali
- Scarica il mio software demo
- Prenota una dimostrazione del nostro prodotto
- Se proprio non hai nient'altro, inserisci la homepage del tuo sito istituzionale o la pagina dei contatti

Pro Tip: se vuoi inserire link a siti esterni in un post, non metterli nel testo del post, ma nel primo commento. Così il tuo contenuto non sarà penalizzato. Questo perché ogni piattaforma social punta a tenere il pubblico sul proprio sito e quindi penalizza chi pubblica troppi link a siti esterni.

Aggiungi Competenze al tuo Profilo

I tuoi collegamenti di primo livello - e solo loro - possono confermare le tue competenze; quello che in inglese si definisce "Endorsement".

Si tratta di un processo che puoi guidare o che puoi lasciare accadere in maniera naturale. Nel mio caso per esempio, i visitatori del mio profilo hanno scelto di loro iniziativa le competenze che mi attribuivano e le hanno confermate.

Ecco, sembra una cosa bella che altre persone si adoperino per darti visibilità. Allo stesso tempo è il caso che tu prenda il controllo della situazione.

Infatti è importante che tu selezioni attivamente le tue tre competenze primarie. Come vedi, su LinkedIn ce ne sono veramente un sacco. Ecco le ultime che ho aggiunto usando la funzione di ricerca e auto completamento.

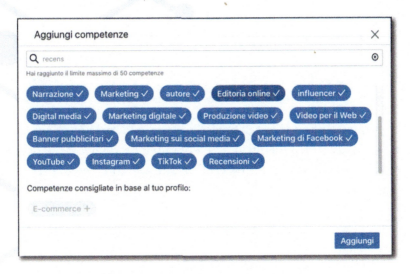

Dopo che hai aggiunto fino a 50 competenze - e impegnati per aggiungerne cinquanta, non una in meno - è il momento di selezionare le tre principali. Si tratta dei tuoi punti forti, delle tue vette di eccellenza. O semplicemente, quelle sulle quali hai più preparazione o esperienza in merito.

Ecco la mia scelta delle top 3 competenze:

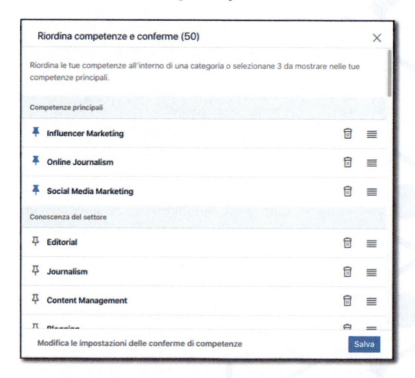

In questo periodo per esempio, ci tengo a mettere in primo piano l'Influencer Marketing. Ci sarà poi un periodo nel quale potrei togliere una di queste e rimetterne in alto un'altra, come "eSports" per esempio.

Ecco come risulta il profilo dopo aver sistemato l'ordine delle Competenze.

Quando un collegamento conferma una delle tue prime competenze primarie, dà un forte slancio al tuo profilo e aumenta le possibilità che sia scovato per opportunità legate a queste skill. Qui sopra per esempio, si vede come Jacopo D'Alesio, uno dei più popolari influencer italiani, abbia confermato una mia competenza.

Quindi senza perdere altro tempo, inizia a elencare le tue Competenze!

Fai Confermare le tue Competenze!

Come hai letto nella scheda precedente, hai un numero massimo di cinquanta competenze che puoi segnalare nel tuo profilo, tra le quali ne imposterai tre come principali. È importante che tu evidenzi sia le tue Hard Skills che le tue Soft Skills.

Quale è la differenza tra "hard skills" e "soft skills"?
Le Hard Skills sono le competenze prettamente tecniche e professionali, spesso specifiche di un particolare settore. Faccio alcuni esempi eclatanti di hard skills per capirci: progettista di centrali nucleari, ortopedico con specializzazione negli arti inferiori, preparazioni alimentari vegane e senza glutine.

Le Soft Skills sono invece quelle trasversali a tutti i settori. Si tratta di conoscenze che si possono applicare quindi a ogni situazione della vita professionale ma anche di quella privata e personale. Per esempio: Public Speaking, Scrittura Creativa, Leadership, Lavoro di Gruppo. Ma anche abilità tecniche che però servono in più settori, come: Conoscenza di Excel, Software Gestionali, Uso di computer Windows o Mac.

Chi ti visita potrà confermare queste competenze con pochi click, in maniera molto rapida.

Non hai nessuno che possa ancora confermare le tue competenze?
Non disperare. Innanzitutto puoi iniziare a chiedere ad amici, colleghi e parenti registrati su LinkedIn di darti una mano.
Se ti sembra poco corretto, chiedi che lo facciano solo se pensano veramente che tu possegga quelle abilità.
Potresti impostare un messaggio un po' ruffiano da inviare ai tuoi contatti per incoraggiarli ad aiutarti confermando le tue Competenze. Ecco un esempio di quello che potresti scrivere:

"Ciao, sto iniziando a migliorare il mio profilo LinkedIn e so che hai un sacco di esperienza e grandi capacità professionali. Se ti va, potresti visionare e confermare le mie Competenze? Te ne sarò veramente grato!"

L'obiettivo minimo è di arrivare almeno a 50 conferme per le tue competenze prioritarie ed è gradito che tu ne abbia almeno una a 99, che è il punteggio massimo! Nota che se la conferma te la dà una persona a sua volta riconosciuta come esperta di quella skill, l'algoritmo di LinkedIn aumenterà molto di più l'autorevolezza del tuo profilo.

Se poi, giusto per avere una spintarella iniziale, hai chiesto aiuto a chi ti vuole bene ma non vuoi che si veda, puoi impostare la visibilità di ciascuna singola conferma cliccandoci sopra. Per esempio, in questo caso nascondo la conferma di Stefano:

Conferma le Competenze per avere conferme a tua volta

Un ottimo modo per ottenere conferme alle tue Competenze è farlo a tua volta. Ricevere la conferma di una Competenza infatti fa molto piacere, e chi la ottiene probabilmente ricambierà la cortesia passando dal tuo profilo. Tra l'altro, confermare le Competenze è veramente facile, quindi ti costa pochi minuti e può avere un grande effetto sull'efficienza del tuo profilo. E la cosa più importante è che chi riceve le tue conferme riceverà un avviso da LinkedIn; la tua e nostra speranza è che questa persona si commuova per il tuo gesto altruista e ricambi confermando le tue Competenze.

Ecco per esempio come si conferma una competenza. Come vedi è veramente semplice e veloce: basta un click.

Quindi ti consiglio di non aspettare oltre: passa da tutti i tuoi collegamenti - se non sono molti - oppure scegli i cinquanta che conosci meglio e aiutali, confermandone le Competenze.

Dai e ti sarà dato, vedrai!

Conferma competenze con i Quiz

Dal settembre del 2019 LinkedIn ha introdotto un nuovo modo autonomo e ingegnoso per confermare alcune specifiche competenze tecniche. Si tratta di un vero e proprio quiz a tempo, da eseguire in autonomia, per testare la tua conoscenza di molti applicativi o servizi professionali.

I vantaggi dei quiz di auto valutazione sono elencati dalla stessa LinkedIn nel suo post di presentazione:
- Verificando le informazioni che le persone inseriscono su LinkedIn, sarà possibile aumentare la fiducia sul mezzo e abbassare il numero dei millantatori;
- La possibilità di testare le proprie competenze e avere quindi lo stimolo al confronto e ad una crescita professionale;
- semplificare e rendere più efficace il processo di selezione del personale e quello di ricerca del lavoro.

I Quiz - che sarebbe meglio chiamare test - si trovano nella tua pagina del profilo, proprio nel riquadro delle Competenze.

Nella figura qui sotto vedi solo una piccola parte delle materie che puoi verificare. Come noterai, si tratta quasi esclusivamente di software o servizi professionali.

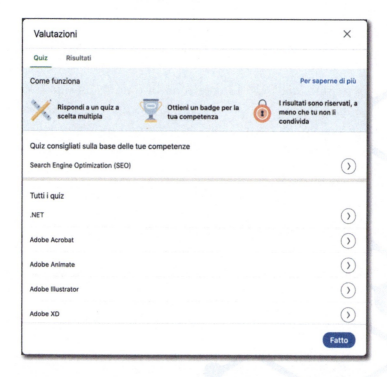

Se pensi di potertela cavare rispondendo a caso, o facendo ricerche su Internet, avrai una brutta sorpresa! Le domande sono veramente difficili e riguardano aspetti specifici ed è difficile azzeccare le risposte tirando a indovinare, pur possedendo un'infarinatura sul tema. Devo ammettere che con un po' di ricerche su Google le risposte si trovano, ma le bugie hanno le gambe corte, quindi evita trucchetti per spacciare esperienze che non hai.

Insomma, se trovi un argomento che padroneggi, divertiti con questi quiz, daranno valore aggiunto al tuo profilo!

Come ottenere Referenze

Uno dei modi più efficaci per migliorare l'efficacia del tuo profilo LinkedIn è di ottenere un sacco di recensioni delle tue capacità professionali. Le Referenze di LinkedIn sono proprio questo: una recensione scritta su di te e sul tuo operato da parte di un altro utente.

Le Referenze aiutano ad aumentare enormemente le visite al tuo profilo. E come avrai già capito, più utenti ti visitano e meglio è: la tua rete s'ingrandisce e aumentano le possibilità di attrarre persone interessate a te, alle tue abilità o a fare business con la tua attività.

Ma cosa sono le Referenze? Sono un parere sulle tue capacità scritto da persone che hanno avuto contatti lavorativi con te. Potrebbe essere un ex capo o il tuo attuale superiore, piuttosto che clienti, fornitori, colleghi, professori universitari. Insomma, tutti coloro che sono venuti in contatto con te, si sono trovati bene e quindi hanno piacere a ribadire al mondo intero quanto sei capace e interessante. Solitamente si sottolineano sia le cosiddette "soft skill" - "ha ottime capacità comunicative", "è una leader formidabile" - che le hard skill - "le sue competenze amministrative sono impareggiabili", "si tratta del progettista d'impianti d'aria condizionata più aggiornato che abbia mai conosciuto".

Per aumentare il numero di conferme delle tue skill è necessaria una strategia, come quella che sto per presentarti.

Per iniziare però suggerisco di attivarti e chiedere direttamente ai tuoi attuali colleghi, ma anche ad amici, compagni di classe e parenti, di scrivere una Referenza riguardo quello che pensano di te. Vanno bene anche i parenti, e in generale anche chi non lavora o non ha lavorato con te. Questo perché, anche se costoro potrebbero non conoscere le tue capacità professionali, hanno grande familiarità con il tuo carattere e conoscono meglio di qualsiasi collega le tue doti umane e nelle relazioni interpersonali.

Come chiedere una Referenza?

Bisogna essere candidi e spudorati. Ma non basta mandare un messaggio come questo: *"Ciao, sto migliorando e ampliando il mio profilo LinkedIn, ti va di spendere qualche minuto e scrivere una Referenza?"*

Più aiuti le persone e più facilmente faranno quello che chiedi. Quindi aggiungi sempre anche una breve lista delle abilità che vorresti che sottolineassero e, magari, anche alcune specifiche storie di successo che condividete:

"Mi piacerebbe che segnalassi le mie competenze di digital marketing e magari raccontassi come ti ho aiutato a migliorare il tuo posizionamento nei social l'anno scorso con la strategia di contenuti che abbiamo pianificato assieme."

Inoltre, il modo migliore di ottenere Referenze è sicuramente quello di scriverne a tua volta di ottime, come vediamo nella pagina che segue. Di conseguenza potresti fare leva sul desiderio che il tuo interlocutore ha di ricevere a sua volta ottime raccomandazioni e quindi il tuo messaggio potrebbe chiudersi così: *"Inoltre mi piacerebbe a mia volta scrivere una Referenza su di te, ci sono competenze, qualità o specifiche storie di successo che ti piacerebbe che scrivessi?"*.

E non chiedere di mentire!

Mi raccomando, non c'è niente di peggio di una Referenza inventata di sana pianta. Innanzitutto non è corretto. Seconda cosa, le bugie hanno le gambe corte. Quando un possibile datore di lavoro o un potenziale cliente ti contatterà via LinkedIn, probabilmente avrà letto le tue Referenze e ti chiederà dettagli e approfondimenti a riguardo. E potresti ingannarti e fare un passo falso che potrebbe compromettere una possibilità di relazione.

Spiega come si scrivono le Referenze

Non dare per scontato che tutti abbiano familiarità con le funzioni di LinkedIn. Nel tuo messaggio di richiesta di una Referenza, allega anche il contenuto della prossima sezione, così i tuoi interlocutori sapranno come si trova lo strumento per scrivere una Referenza e come impostarla al meglio!

Come scrivere una Referenza

Nelle pagine precedenti abbiamo visto come attuare una strategia per ricevere una Referenza, e parte di questo è scriverne a tua volta di eccezionali.

Ecco dei passaggi che ho tratto da wikiHow e che trovo veramente ben strutturati.

1. Visita il profilo della persona che vuoi raccomandare, nel suo profilo clicca su "Altro" e poi "Scrivi una Referenza".

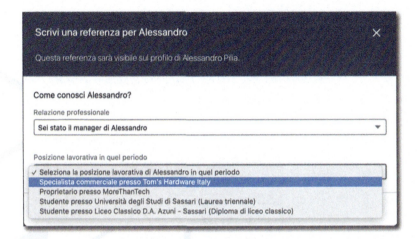

Specifica che tipo di relazione hai o avevi con la persona e la posizione lavorativa che ha o aveva in quel periodo:

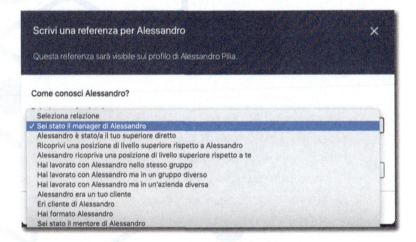

Dopodiché si apre un campo di testo libero dove potrai scrivere una mini-storia della tua relazione con questa persona e di quelle che pensi che siano le sue migliori qualità. Ovviamente lo strumento permette anche di scrivere peste e corna di qualcuno, ma io lo sconsiglio vivamente. Se decidi di scrivere Referenze, fallo solo per le persone che reputi meritevoli e valide. Non usarla come arma per punire e criticare chi ti sta antipatico.

2. **Comincia con una breve introduzione su come mai conosci questa persona**
   Per esempio *"Alessandro ha iniziato la carriera di sales nella mia azienda nel 2018 e abbiamo lavorato assieme quotidianamente per due anni."*

3. **Menziona le qualità che interessano ai datori di lavoro**
   - Le aree da menzionare riguardano ogni tipo di abilità e attitudine:
   - Sincerità e trasparenza
   - Integrità e affidabilità
   - Attenzione ai dettagli e scrupolosità
   - Dedizione e orientamento verso gli obiettivi
   - Abilità analitiche e di pensiero strategico
   - Efficienza, organizzazione e capacità di gestire il tempo
   - Abilità economiche e di gestione del budget
   - Capacità di lavorare in gruppo

   Ecco un esempio:
   "Durante tutto il periodo di collaborazione Alessandro ha dimostrato voglia di apprendere, disciplina e tanta motivazione. Ha sempre fatto molto più di quanto gli chiedevo, ha partecipato ai momenti formativi ed è molto migliorato sia dal punto di vista caratteriale che da quello professionale. Ho apprezzato particolarmente l'impegno nel passaggio dal suo precedente lavoro, molto individuale, a quello in team."

4. **Racconta almeno una storia di successo**
   Gli esseri umani vivono di storie e lo Storytelling è una delle strategie comunicative più efficaci di sempre. Se vuoi creare una raccomandazione di successo, non ripetere le cose banali che si leggono dappertutto: "è brava, fa gioco di squadra, ha raggiunto risultati prestigiosi". Entra nel dettaglio di una "case history" specifica legata alla

persona. Per esempio, nel caso del mio collega Alessandro citato qui sopra:

"Alessandro ha sviluppato grandi capacità commerciali e di upselling ed è molto ambizioso. Ricordo ancora quando un cliente taiwanese si è presentato dicendo di avere un budget di circa 1.000 euro e, dopo una giornata di trattative, Alessandro ha chiuso un accordo da oltre 20 mila euro!"

5. **Termina la raccomandazione consigliando vivamente la persona**
   Fai capire che si tratta di una persona che consiglieresti a chiunque senza indugio, sia che lavori ancora con te oppure che sia in ricerca di lavoro, o passata a una nuova realtà.
   "Raccomando calorosamente di collaborare con Alessandro a chiunque voglia un professionista competente, organizzato e produttivo che ti stupisca ogni giorno, dandoti molto di più di quanto chiedi e non fermandosi mai a fare solo il compitino assegnatogli."

6. **Invia la Referenza**
   Niente di più semplice, clicca sul tasto Invia e avrai finito.

Pro Tip: scrivi una bella referenza al giorno ad amici, colleghi, clienti o fornitori che secondo te la meritano. Fallo per dieci giorni, segnatelo in agenda. Vedrai benefici inattesi sul tuo profilo. La generosità paga sempre!

Come aggiungere i primi contatti

Come aggiungere i primi contatti alla tua rete? I primi passi su LinkedIn sono i più difficili. Infatti, non avrai alcun collegamento e quindi sarà complesso partire.

In queste pagine troverai alcuni suggerimenti pratici per iniziare!

Il primo consiglio è questo: **se vuoi fare sul serio da subito, leggi prima la sezione** "Come Migliorare l'efficacia delle tue Richieste di Collegamento".

Se invece vuoi impratichirti aggiungendo i tuoi contatti più intimi e i tuoi colleghi, procedi la lettura tranquillamente e fai i tuoi primi esperimenti.

Aggiungi tutti i contatti della tua rubrica e-mail

Il tuo punto di partenza deve essere lo strumento d'importazione di LinkedIn, che poi tornerai a usare con regolarità in seguito. Per esempio io ho appena mandato un promemoria a oltre tremila persone. Una buona parte potrebbe mandarmi a quel paese, ma correrò il rischio!

L'altro rischio di aggiungere tutto il tuo database di indirizzi e-mail a LinkedIn è che sicuramente tra questi ci saranno le e-mail di un sacco di persone che, manualmente, non avresti selezionato. Vecchi colleghi, concorrenti, aziende di altri settori, amici della palestra o gente che gioca a tennis con te ma che non c'entra nulla con il tuo lavoro. La mia rubrica del telefono per esempio conta oltre tremila contatti e, devo ammetterlo, ho rinunciato da tempo a sistemarla. Quindi quando faccio le mie importazioni periodiche su LinkedIn, butto dentro anche persone che non avrei voluto.

I più imbarazzanti solitamente sono gli ex colleghi e gli ex dipendenti, che magari se ne sono anche usciti dalla tua azienda sbattendo la porta. Prima li allontani, poi magari li blocchi sui social e infine ricevono la tua bella proposta di connessione via e-mail!

Se hai saltato il suggerimento di LinkedIn di importare la tua lista di contatti e-mail, puoi ritrovare la pagina facilmente cercando su Google "sincronizzazione contatti LinkedIn".

Se conservi la tua rubrica di contatti su un account Google, Yahoo! oppure Office 365, LinkedIn fa tutto in automatico. Basta collegarti al tuo account di posta e seguire i passaggi successivi.

Se non usi uno dei servizi sopra citati, puoi importare un file nei formati CSV, TXT o VCF. Solitamente i programmi di posta elettronica hanno funzioni di esportazione per creare questo tipo di file. Oppure se preferisci, sempre nella stessa schermata c'è un modo più semplice per importare una serie di contatti dei quali conosci l'e-mail. Puoi infatti cliccare sull'icona a forma di Letterina - "Invita per E-mail" -, inserire una lista di indirizzi di posta elettronica separati da virgola e impostare uno dei messaggi base proposti dalla piattaforma, come vedi nella figura qui sotto.

Invita direttamente i tuoi contatti email a collegarsi su LinkedIn

prova@gmail.com, fintaemail@yahoo.it, vivalapizza@pizza.it

Come preferisci invitare i tuoi contatti a iscriversi a LinkedIn?

○ Vorrei aggiungerti alla mia rete professionale.
● LinkedIn può aiutarti a costruire la tua rete professionale, proprio come sto facendo io
○ Prova LinkedIn se sei alla ricerca del lavoro giusto
○ Usiamo LinkedIn per rimanere in contatto con maggior frequenza
○ LinkedIn mi tiene al corrente e potrebbe darti un vantaggio competitivo

Continua

Aggiungi manualmente tutti i colleghi. Ovvero, cercali uno per uno scrivendo nome e cognome nella barra di ricerca e clicca sul tasto Collegati. Poi, presentati di persona o chiamali uno per uno per accettarti che accettino il tuo invito, pena punizioni corporali!

Aggiungi ogni persona con cui entri in contatto

Sembra banale, ma spesso ce ne dimentichiamo. Ogni volta che incontro una nuova persona per lavoro o per interesse personale, chiedo la disponibilità ad aggiungermi su Facebook e LinkedIn. E non mollo fino a che non prendono in mano lo smartphone e non lo fanno davanti a me. Il modo più comodo, come mi ha ricordato l'esperto di LinkedIn Raffaele Gaito, consiste nell'inquadrare il QR Code direttamente dalla tua app di LinkedIn su smartphone.

Qui sotto vedi il mio QR Code come esempio: aggiungimi senza problemi, sarà un piacere averti nella mia rete :)

Pro Tip: aggiungi tutti i concorrenti! Ebbene sì, evviva la spudoratezza. Su LinkedIn non c'è limite alla faccia tosta. I primi contatti da aggiungere sono proprio quelli dei tuoi concorrenti, magari con un messaggio dove canti le loro lodi. Non devi mentire né essere ipocrita. Riferisci cose che pensi davvero. Se proprio non hai niente di buono da dire di una persona, non aggiungerla ok?

Usa la Ricerca al meglio

La prima cosa che potresti fare per espandere il tuo network di contatti è seguire persone influenti del tuo settore. Seguire qualcuno su LinkedIn vuol dire che vedrai i suoi contenuti nel tuo feed anche se non accetterà di collegarsi alla tua rete. Ovvero, si può seguire liberamente chiunque senza bisogno della sua approvazione.

Se sei all'inizio della tua attività su LinkedIn non hai molti contatti. Quindi puoi iniziare a seguire persone molto conosciute o affermate e partecipare alle loro discussioni. Consigliando un contenuto o partecipando nei commenti ti farai notare. E quindi il tuo nome prima o poi attrarrà l'attenzione sia dell'autore dei contenuti che degli altri che lo seguono. Questo ti porta due vantaggi. Il primo è che, quando poi lo contatterai per chiedere un collegamento, l'autore avrà familiarità con il tuo nome avendoti visto spesso partecipare alle conversazioni e magari sarà più propenso ad aggiungerti.

Lo strumento migliore per trovare persone interessanti è **la ricerca di LinkedIn**. Puoi usare la ricerca in modo semplice o avanzato.

Il modo semplice consiste nello scrivere quello che ti pare e sperare in una buona risposta. Per esempio cerchi "marketing manager" e inizi a spulciare i risultati.

Se vuoi essere più specifico invece, usa la ricerca booleana. Sembra un parolone, ma in realtà ha poche regole in più rispetto alla ricerca semplice. Usando alcuni espedienti avrai ottimi risultati anche senza i filtri avanzati del Sales Navigator o di altre funzioni esclusive dei profili Premium a pagamento.

La ricerca booleana prevede l'uso di alcuni simboli o termini per migliorare la precisione dei risultati.

Ecco alcuni esempi, ma la lista è ben più lunga.

- Usa le virgolette per cercare un insieme di termini e non le singole parole. Per esempio: se scrivi "marketing manager" ti risulteranno solo i profili che contengono entrambe le parole ed esattamente nello stesso ordine in cui le hai scritte.
- Usa i termini AND e OR - rigorosamente in maiuscolo come ho scritto io - per affinare i tuoi risultati. Se scrivi "marketing manager" AND (Nike OR Adidas OR Puma OR Reebok) ti usciranno milioni di risultati ma i primi saranno tutti i marketing manager al mondo delle tre aziende messe tra parentesi. Se preferisci vedere solo i risultati italiani, prova questa ricerca: marketing AND (Italia OR Italy) AND Nike. Un altro esempio potrebbe essere "Digital Strategist" AND "Facebook Expert".
- Usa il termine NOT, sempre in maiuscolo, per escludere profili che non ti interessano. Per esempio "marketing manager" AND senior NOT account NOT junior.

Fai i tuoi esperimenti senza timore, puoi riprovare tutte le volte che vuoi fino a che i risultati non ti soddisfano!

Pro Tip: cerca su Google "come usare la ricerca avanzata di LinkedIn". Se padroneggi l'inglese, favorisci ricerche in questa lingua: troverai quasi sempre contenuti più competiti, puntuali e aggiornati rispetto a quelli in italiano.

Crea i primi contenuti

Se vuoi avere successo su LinkedIn, come su qualsiasi altro Social Network, dovrai pubblicare post e aggiornamenti con buona frequenza.

Molte persone che iniziano il proprio percorso di Personal Branding su LinkedIn pensano "ah ma io non ho niente di interessante da dire". **Non c'è nulla di più sbagliato!**

A meno che tu non abbia vissuto in criostasi negli ultimi 50 anni, qualcosa avrai fatto, visto o studiato.

Devi acquisire la giusta mentalità e metterti a disposizione di chi ti legge. Sarai sicuramente in grado di pensare a qualcosa di interessante; nella peggiore delle ipotesi leggi la sezione di questo libro con ben 84 consigli su cosa scrivere!

Una volta che avrai trovato l'ispirazione e avrai capito di cosa scrivere, ecco alcuni consigli rapidi.

Racconta le tue storie in prima persona. Se si tratta di una storia lunga, usa il presente storico per ottenere un testo più scorrevole. "A 18 anni supero il test per l'ingresso alla facoltà di Ingegneria Nucleare e a 25 mi laureo a pieni voti con bacio accademico, a 31 costruisco il mio primo reattore a fusione fredda e a 33…"

Riassumi la tua esperienza in pensieri brevi che vanno dritti al punto. Usa gli elenchi puntati solo per elencare esperienze specifiche. Non scrivere liste della spesa!

Scrivi storie di successo su quello che hai fatto per la tua azienda o per la tua facoltà.

Se ancora non hai un'occupazione stabile, scrivi delle tue esperienze con la tua non profit o con la tua associazione di territorio.

Festeggia ogni successo, grande e piccolo, delle tue attività, anche di quelle personali. Un programmatore web potrebbe festeggiare il record di visite di un suo sito creato per passione; un'aspirante stilista potrebbe caricare le foto della sua collezione personale in attesa di trovare degli investitori che l'aiutino a realizzare i suoi sogni.

Se ora non sai proprio cosa scrivere o con quali contenuti iniziare, leggi l'intervista a Raffaele Gaito nel capitolo Bonus. Raffaele spiega come ha fatto a partire da zero e a creare un profilo super ricercato.

Riassunto del Capitolo

I Primi Passi su LinkedIn

Concetti chiave
- Per iniziare, crea un profilo gratuito. Vedremo se e quando attivare gli abbonamenti a pagamento in seguito.
- Nel tuo Profilo ci vanno tutte le tue informazioni lavorative, le tue competenze e le tue esperienze.
- Il tuo Profilo deve essere pubblico e visibile a tutti.
- Devi avere una foto professionale, è importantissimo!
- Il tuo Sommario è importante quanto la foto, uno ben scritto fa la differenza tra essere ignorati e avere un network di contatti esagerato.
- Non definirti mai CEO at Myself, ti prego!
- Evita definizioni bolse e abusate nel tuo Profilo.
- La foto di copertina è un'altra finezza che può fare la differenza.
- Nelle Informazioni puoi scrivere una vera e propria "sales letter" relativa alle tue competenze e ai servizi che puoi offrire. Approfittane!
- Sfrutta le esperienze lavorative passate per descrivere i tuoi successi professionali e non come un mero e sterile elenco dei lavori che hai svolto.
- Inserisci sempre il volontariato tra le tue esperienze.
- Al tuo Profilo puoi aggiungere fino a 50 Competenze ma le più importanti sono le prime tre.
- Fai confermare le tue competenze e fatti scrivere Referenze dai tuoi amici, colleghi, professori, parenti.
- Anche se parti da zero, puoi aggiungere i primi contatti partendo dalla tua rubrica e-mail.

- Inizia subito a scrivere contenuti, hai sicuramente un sacco di cose interessanti da condividere.

Lista di Azioni Da Fare

- Se ancora non l'hai fatto, crea il tuo profilo LinkedIn!
- Compila rapidamente tutti i campi senza pensarci troppo, li sistemerai più avanti
- Per ora carica la migliore foto che hai che ti ritrae su sfondo neutro e da solo o da sola
- Crea il tuo URL personalizzato
- Imposta il tuo Profilo come pubblico
- Hai un amico fotografo? Se sì, prendi appuntamento per scattare un book di foto professionali. Se no, metti mano al portafogli e ingaggia un professionista.
- Scrivi un sommario che includa le parole chiave più adatte alla tua attività e descriva come puoi aiutare gli altri
- Pubblica nella sezione Informazioni una sales letter che promuova in maniera smarcata i tuoi servizi e le tue competenze
- Inserisci in maniera schematica le tue esperienze lavorative
- E poi, per quella o quelle più rilevanti, scrivi un completo elenco dei tuoi successi e risultati ottenuti in quella posizione
- Identifica le tue tre Competenze primarie e impostale come principali
- Divertiti ad aggiungere altre Competenze fino a usare tutti gli spazi disponibili
- Fatti confermare le competenze!
- Se sei specialista in specifici software, fai il Quiz di valutazione delle competenze relativo a quegli applicativi
- Invita tutte le persone che conosci ad aggiungerti su LinkedIn

- Importa la tua rubrica eMail con lo strumento di importazione
- Cerca almeno tre personalità di spicco del tuo settore e aggiungile e/o seguile
- Pubblica il tuo primo aggiornamento di stato; se non sai cosa scrivere, scrivi semplicemente "Eccomi su LinkedIn, sono nuovo/a, mi aiutate a costruire il mio network di contatti?"
- Scrivi i tuoi primi tre commenti a tre contenuti diversi di persone che segui e consigliali
- Scrivi una Referenza a 5 dei tuoi contatti
- Scrivi un elenco di 15 persone alle quali chiederai di inviarti una Referenza

Impara a fare Personal Branding

"Se non costruisci tu il tuo personal brand, qualcun altro ti marchierà con l'etichetta sbagliata."

Richie Norton

Che cos'è il Personal Branding?

Il Branding secondo Wikipedia è "l'uso delle tecniche di marketing per la creazione, la gestione e lo sviluppo di una marca". Definiamo quindi come Personal Branding l'uso di ogni strategia di marketing possibile per lo sviluppo del proprio brand, ovvero del proprio marchio personale.

Fare Personal Branding vuol dire far diventare, per esempio, "Roberto Buonanno" un marchio famoso in uno o più settori.

In questo nuovo mondo digitale il personal branding è qualcosa che puoi gestire in maniera attiva. Ovvero non si genera solo per passaparola ma quasi totalmente in base alla tua abilità di farti notare. Insomma, **se vuoi diventare famoso e attrarre successo e clienti devi farti pubblicità spudoratamente**.

LinkedIn è ovviamente la piattaforma principale sulla quale esprimere il proprio brand personale rispetto al mondo del lavoro e delle imprese.

Quindi che cosa è il tuo brand personale su LinkedIn? Da un lato, il branding è dato dell'aspetto e dai contenuti del tuo profilo - che deve essere aggiornato, facile da trovare e accattivante. Ma soprattutto al giorno d'oggi, il tuo branding è influenzato non solo da cosa comunichi, ma da come lo esprimi. Ovvero, tu diventi il tuo personal brand; e quest'ultimo è dato dalla tua immagine - dal tuo profilo - oltre che dai tuoi contenuti.

Lo scopo del Personal Branding è di differenziarti da altre persone nel tuo stesso settore che fanno un lavoro simile al tuo. Insomma devi promuovere i tuoi valori unici per distinguerti nel mare magno della piattaforma professionale più vasta al mondo.

Ok, abbiamo capito che il tuo Personal Branding richiede una serie di azioni specifiche per poter essere efficace.

Partiamo?

Perché il Personal Branding è così importante

Faccio l'esempio specifico del mio caso personale. Io ritengo di essere una "firma importante" nel mondo dell'Influencer Marketing e dell'editoria digitale. E a dimostrarlo sono i fatti, i fatturati e le storie di successo di cui è ricca la mia carriera. Peccato però che fino a un certo momento della mia vita professionale non ho dedicato del tempo a comunicare questi concetti. E infatti nonostante lavori da oltre dieci anni nel mondo degli Influencer e nonostante abbia gestito o lavorato con i più grandi talenti italiani... sono in pochi a saperlo! La responsabilità è mia e della mia mancata comunicazione.

E quindi il mio branding esisteva solo dentro la mia testa.

Da quando ho realizzato che questo non andava bene, sono tornato a lavorare con attenzione sul mio profilo LinkedIn, sul mio canale YouTube e, nonostante mille reticenze, ho perfino iniziato a usare Instagram e Facebook, servizi che amo poco. E no, non mi troverete a fare balletti su TikTok, almeno spero!

Un o una professionista oggi non può fare a meno del Personal Branding. Sia che tu collabori con una o più aziende o che sia titolare d'impresa, oggi più che mai devi "metterci la faccia".

Ovviamente bisogna innanzitutto essere onesti con sé stessi.

- Hai veramente capacità speciali?
- Sai parlare in pubblico?
- Hai conoscenze specialistiche di altissimo livello? Chimica, ingegneria, programmazione, gestione del personale, management d'impresa, cucina molecolare, altro?
- Sai scrivere, recitare, cantare, suonare uno strumento?
- Sei eccellente in una o più soft skills?

Devi puntare su una tua qualità speciale e lanciarti. Se non ce l'hai non c'è problema, ognuna delle doti riportate qui sopra si può sviluppare studiando. E al giorno d'oggi ci sono migliaia di modi per ottenere competenze a costi irrisori, e in certi casi anche gratis.

I due passaggi per creare la tua linea editoriale

- Sei "super" sotto uno o più aspetti? Parti con il branding.
- Non hai capacità sopra la media: parti con lo studio!

Nota: una buona opportunità di studio a distanza a prezzi economici è proprio LinkedIn Learning, che hai incluso nel prezzo di qualsiasi abbonamento Premium a pagamento di LinkedIn.

Nota bene: come la maggior parte della formazione di qualità sui temi più innovativi, LinkedIn Learning è in inglese.

Non sai l'inglese? Allora il tuo primo corso sarà proprio un corso di lingua!

Ora facciamo assieme un bell'esercizio. Dobbiamo posizionare il marchio di Roberto Buonanno - me stesso - come super esperto di LinkedIn.

La prima cosa che dobbiamo fare è decidere quale è il mio target. Ovvero, quale persona, gruppo di persone, azienda od organizzazione ha bisogno dei miei talenti? Chi devo attrarre per fare business? Su chi devo fare colpo per ottenere clienti, commesse, vendite?

Come ti scrivevo nell'Introduzione, **il mio target sei tu che stai leggendo questo libro.** Ti ho ben presente nella mia mente perché ho scritto dei veri e propri profili di persone immaginarie che sono i miei lettori ideali. Un esercizio utilissimo che consiglio anche a te ma che esula dal contesto di questo libro. Prova a digitare su Google: "disegna l'avatar del tuo cliente ideale".

Perfetto, ora sai come si identifica chi è il destinatario ideale della tua comunicazione marketing. Adesso **devi fare un'analisi di mercato e scoprire chi sono i tuoi concorrenti**. Cosa offrono, come lo offrono, come si distinguono rispetto agli altri che operano nello stesso settore. E se vedi competitor che vendono lo stesso prodotto o servizio a prezzi inferiori ai tuoi, non pensare mai e poi mai di adeguare i tuoi listini al ribasso. La tua politica di Personal Branding servirà proprio ad affermare il valore tuo e del tuo prodotto e a farti emergere rispetto alla massa. Ovvero, un cliente potenziale comprerà più volentieri da te che da un concorrente, perfino se questi offre prezzi inferiori ai tuoi.

Ovviamente potresti protestare che tu non sei un'azienda o un negozio e quindi non vendi nessun prodotto. Niente di più sbagliato. Anche un "dipendente" o un freelancer deve considerarsi come un'azienda che vende i propri servizi. Quale è il tuo prodotto? Sono le tue abilità, le tue competenze e i risultati che porti al tuo datore di lavoro. E come ogni azienda che si rispetti, devi fare:

- Ricerca e Sviluppo - ovvero studiare per migliorare le tue competenze e abilità;
- Fare marketing - quindi cercare attivamente clienti, nel tuo caso possono essere i datori di lavoro sempre migliori;
- Rivedere la tua politica di prezzi, ovvero chiedere un aumento siccome sei sempre più competente e hai un marketing sempre migliore!

Da dove devi iniziare? Ovviamente da LinkedIn, ed ecco perché hai comprato questo libro. E poi? In questo capitolo vedi un assaggio di cosa voglia dire fare promozione di sé stessi e al punto da **diventare influencer.**

Preparati!

E se non sai cosa dire di te?

Secondo Jeff Bezos, multimiliardario fondatore di Amazon: *"un brand è quello che le altre persone dicono di te quando tu non sei nella stanza"*.

Hai letto con attenzione tutto quello che ho scritto finora ma non sai ancora come definirti? Lo so, dare un'etichetta a noi stessi può essere un'attività spiazzante e complessa. Se hai dei dubbi su come qualificare la tua figura professionale, usa il potente strumento del sondaggio.
Rivolgiti a persone del tuo network che rispetti e stimi e che sono spesso in contatto con te. Otterrai il massimo risultato con una telefonata, o meglio ancora una video chiamata.

Dopo i convenevoli, spiega che vorresti un aiuto per capire come comunicare al meglio la tua professionalità su LinkedIn. Poni quindi delle semplici domande, come le seguenti:

- Che parole useresti per definire il lavoro che ho fatto per te / con te?
- Quali tre parole useresti per definire l'esperienza di collaborare con me?
- Per cosa sai che puoi fare affidamento su di me?

Devi riassumere quello che sei in massimo cinque caratteristiche salienti.
Quando definisci il tuo carattere, potresti avere la tentazione di scrivere tratti molto generici e ovvi, come per esempio: Collaborativo, Entusiasta, Coinvolgente, Affidabile. Sono solo alcuni esempi di aggettivi inutili che potresti usare per "allungare il brodo". Come hai visto nel capitolo precedente, queste definizioni generiche sono parole da evitare come la peste. Del resto, chi si

definirebbe "non collaborativo, apatico, musone, inaffidabile e in cerca di una poltrona da scaldare"?

Allo stesso tempo, ancora una volta, sottolineo che **ti stai facendo pubblicità**: quindi non auto limitarti. Potresti aggiungere un aggettivo a un'esperienza pratica. Per esempio, magari non hai mai avuto vere esperienze di lavoro ma hai gestito con successo classi di studio e gruppi universitari di ricerca. Quindi puoi scrivere "ho dimostrato le mie capacità di team building creando e gestendo gruppi di studio di fino a 20 persone presso la mia facoltà".

Vantati spudoratamente, nei limiti della decenza e del riscontro sociale. Se non hai mai gestito un gruppo di lavoro nemmeno all'oratorio, non descriverti come "leader capace di portare un team ai massimi risultati". Ma puoi sempre scrivere "Ho spiccate doti di leadership naturale che affino quotidianamente grazie alla formazione professionale e a programmi di crescita personale". Lo suona un po' tipo "Super cazzola prematurata con scappellamento a destra" di "Amici miei". Ma è marketing, non la festa della sincerità a tutti i costi!

E poi c'è sempre il trucco dei corsi online. Segui lezioni su LinkedIn Learning e altre piattaforme e specificalo nelle tue Informazioni.

Pro Tip: segui i profili delle persone più influenti del tuo settore e studia come parlano di sé e come si promuovono con i propri follower. C'è qualcosa che potresti imitare nel loro modello di comunicazione?

E se non ho esperienze professionali?

Sto insistendo parecchio affinché tu vanti le tue capacità, ma cosa puoi fare se non hai alcuna esperienza professionale? Ebbene, a meno che tu non sia nato o nata ieri, qualcosa avrai pure imparato o fatto nella vita!

Ecco una breve lista di spunti:

- C'è qualche abilità o capacità, mentale o fisica, che ti rende unica o unico? Per esempio, memoria fotografica, equilibrio naturale, grande espansività?
- Conosci bene una o più lingue straniere?
- Hai viaggiato molto o hai vissuto per mesi o anni in paesi esteri?
- Hai fatto o fai sport a livello amatoriale o agonistico?
- Hai vinto premi di qualsiasi tipo? Dal trofeo del torneo di scacchi del quartiere alla gara di corsa al sacco della sagra del paese?
- Partecipi attivamente ad attività di volontariato? Se sì, a che livello? Magari coordini un'unità locale o un gruppo?
- Fai parte di un club o di un'associazione culturale? Magari siedi anche nel direttivo di organizzazioni non profit o a scopo culturale?
- Hai qualsiasi tipo di certificazione di corso di studi?

Allora, se non ti ritrovi nemmeno in questi punti, oppure se non ti soddisfano, considera che **le competenze le puoi sempre creare studiando!**

I formatori di tutto il mondo offrono i propri corsi online a prezzi di ogni tipo. Comprane uno, studia con il massimo impegno et voilà, avrai il tuo primo certificato, le prime competenze da far confermare e i primi contenuti per iniziare a pubblicare i tuoi post. E non sottovalutare YouTube dove, soprattutto se capisci l'inglese, puoi trovare centinaia d'ore di materiale formativo completamente gratis!

Per esempio acquistando questo libro avrai diritto a uno sconto speciale su tutti i miei corsi su come sfondare con i social e diventare influencer.

COMPILA QUESTO FORM
per ricevere una chiamata

Scrivi tutte le tue competenze nero su bianco!
Ora ti consiglio un esercizio da fare subito. Scrivi tutto quello che ti è venuto in mente leggendo le ultime pagine. Intitola la pagina "Le mie competenze" ed elenca le tue conoscenze aiutandoti anche con la lista qui sopra.

Identifica uno o due tuoi punti di forza e inizia a pensare a come puoi sfruttarli per costruire il tuo personal branding.

Per esempio, se pensi di saperci fare con le persone, se quando entri in un ambiente di sconosciuti dopo dieci minuti hai già fatto amicizia con tutti, potresti avere grandi qualità commerciali.

E allora potresti improntare il tuo Sommario così: "Aiuto le persone a sentirsi a proprio agio, agevolo le comunicazioni interpersonali e lo sviluppo dei rapporti umani".

Devi diventare influencer

Oggi c'è un'idea travisata della parola Influencer. Siccome da anni sono di moda i grandi personaggi del web, si ritiene che fare l'influencer sui Social Network voglia dire mettersi a giocare a un videogioco urlando a squarciagola oppure andare in un parco a... petare sulla gente ignara!

Ebbene no, ci sono tanti tipi di influencer. **Steve Jobs è stato l'esempio più lampante di influencer aziendale** e il suo volto era sinonimo di Apple.

In ogni settore ci sono influencer. Per esempio, chi sono i personaggi mediatici che ti vengono per primi in mente pensando alle seguenti categorie: grandi imprenditori, politici, religiosi, sportivi, cantanti, medici? Io ho pensato subito a Elon Musk, Silvio Berlusconi, il Dalai Lama o il Papa, Cristiano Ronaldo, Andrea Bocelli, Gino Strada. E tu?

Un influencer nell'accezione comune è qualcuno che esercita influenza su un pubblico più ampio possibile. Come una conduttrice televisiva di successo, per esempio l'eterna Mara Venier. Nel tuo caso, non pretendo che tu faccia le scarpe a Carlo Conti o a Paolo Bonolis per fare più fatturato o per migliorare il tuo stipendio.

Quello che voglio è che imposti una strategia per diventare influencer in un settore specifico, nella tua nicchia. Devi diventare una persona seguita, apprezzata, affermata, autorevole. E non preoccuparti, non dovrai fare televendite e urlare, alla Roberto da Crema per intenderci - chi non se lo ricorda, lo cerchi su YouTube! Si può diventare influencer in maniera elegante e discreta, senza alzare i toni e senza fare troppa caciara.

Super influencer delle televendite: il grande Roberto da Crema.

Nei prossimi capitoli vedrai come ampliare il tuo pubblico, come scegliere e usare gli strumenti giusti e come creare una strategia di contenuti per affermare le tue competenze.

Gli errori da evitare su qualsiasi social

È facile fare passi falsi sui social. Essere visibili, popolari o addirittura idolatrati crea effetti strani sulla psiche. Io la chiamavo "**la sindrome dei diecimila iscritti**". All'inizio della mia carriera di manager di influencer ci scherzavo con alcuni Youtuber veterani. Molti ragazzi infatti impazzivano al superamento dell'allora prestigiosa soglia dei diecimila iscritti su YouTube. Ai tempi era una cifra rilevante, anche se ora fa ridere; oggi i top influencer hanno milioni di follower, altro che poche migliaia.

Insomma, **diversi ragazzi superata una certa soglia di popolarità "sbroccavano"**. Ovvero, iniziavano ad atteggiarsi da super star; diventavano meno reperibili, arroganti, scontrosi, permalosi. E alcuni sono letteralmente scomparsi poco dopo e non hanno mai sfondato. Altri per fortuna hanno raddrizzato la mira e hanno proseguito con successo la propria carriera.

Che cosa succede quindi quando ti senti famoso o famosa? Se non hai la giusta formazione, quando inizi a ricevere decine o centinaia di attestazioni pubbliche di stima, rischi di montarti la testa.

Ecco cosa NON fare. Io non ho mai visto persone veramente di successo che comunicano nei modi che qui sconsiglio.
- **Non parlare mai di te in terza persona.** Io lo chiamo "Effetto Ravanelli". L'ex giocatore di calcio rispondeva agli intervistatori dicendo "Ravanelli ha giocato bene, Ravanelli ha risolto la partita". Non farlo mai, è il primo passo verso la rovina e la follia. Ha in parte senso solo se hai creato un vero e proprio alter ego, con un nomignolo diverso dal tuo nome reale. Ma anche in questo caso eviterei di parlare di te in terza persona.

- **Non essere volgare.** Riduci al minimo o elimina le parolacce o qualsiasi atteggiamento volgare in pubblico e quindi, anche sui Social Network. Non c'è modo migliore per dare una mazzata alla tua immagine professionale.
- **Evita del tutto discorsi sulla religione.** Hai capito bene, a meno che tu per mestiere o vocazione sia un comunicatore religioso, evita. Punto e basta. Ed evita non solo di esporti con ironia o sarcasmo. Evita del tutto, perché potresti offendere la religione altrui anche solo parlando della tua, anche se in buona fede.
- **La politica lasciala ai politici.** Come per la religione, a meno che la politica non sia il tuo mestiere, evita di avviare o farti coinvolgere in qualsiasi discorso politico. Rischi di infilarti in un ginepraio e di farti veramente male.
- **E lo sport lascialo ai professionisti del settore.** Il calcio in Italia può essere peggio della religione. Mettendo un Mi Piace o un commento a un post polemico contro una certa squadra, potresti perdere un cliente facoltoso o iniziare un dibattito inutile. Io non corro il rischio, anche perché le conversazioni legate allo sport, soprattutto al calcio, sfociano spesso in discussioni penose e volgari in cui tutti hanno ragione e tutti hanno torto. Ecco, esattamente come succede per la politica e la religione.
- **Non pubblicare contenuti compromettenti.** Se l'altra sera hai bevuto otto cocktail di fila, non è il caso di postare la foto assieme ai tuoi amici ubriachi. Evita anche nudità di ogni tipo e atteggiamenti rozzi. Insomma, cerca di non apparire mai in foto in mutande a meno che tu non sia una modella di lingerie.

Oltre a questi consigli sulle cose gravissime da evitare per non distruggersi la reputazione, ci sono anche consigli più leggeri ma sempre importanti.

- **Evita un linguaggio complicato**, non riempire i tuoi post di gergo tecnico o inglesismi esagerati alla "Milanese Imbruttito". Devi comunicare alla più ampia base di utenti possibile.
- **Non postare troppo.** Non devi infastidire chi ti segue con una marea di contenuti. Calibra la tua comunicazione e segui la tua strategia; non farti prendere la mano.
- **Non postare troppo poco o addirittura per niente.** Perdi grandi opportunità e lasci ampio spazio ai tuoi concorrenti.
- **Evitare di ignorare i commenti e le interazioni.** Non deludere i tuoi follower che, ricorda, possono sempre essere potenziali datori di lavoro o clienti! Rispondi a chi ti contatta direttamente nei messaggi privati e anche a chi partecipa alle discussioni che nascono dai tuoi contenuti..

Pro Tip: anche per questo argomento troverai tanti articoli, divertenti e sempre aggiornati, cercando su Google "errori da evitare sui Social Network".

Personal Branding su LinkedIn

Le regole del Personal Branding su LinkedIn sono semplici. Devi creare il tuo brand personale e incastonarlo in quello aziendale, se sono separati. E **devi sempre presentarti in maniera molto sobria e professionale**. Tutte le ricerche concordano sul fatto che è molto più facile concludere una vendita se il potenziale cliente è entrato in contatto con il tuo brand in precedenza. E, ovviamente, se ritiene che il brand sia prestigioso o all'altezza!

Più il tuo volto è familiare, più aumenti clienti e fatturato.

Vediamo alcune strategie di Personal Branding per diverse tipologie di persone.

Gino non ha esperienza lavorative e quindi punta tutto sulle qualità espresse durante le sue esperienze di studio, nel lavoro di volontariato e nei progetti amatoriali. Come tutti coloro che non hanno ancora esperienze pratiche e sono in cerca di una prima occupazione, Gino ha un compito difficile e quindi deve fare attenzione a non sembrare pretenzioso. Con la sua attività su LinkedIn deve dimostrare che:

- Ha competenze che vanno oltre quelle curriculari e lo dimostra postando aggiornamenti sui propri progetti personali sul Web.
- È un appassionato di formazione e non ha mai smesso di studiare. Lo divulga pubblicando i certificati dei corsi terminati e realizzando post sugli apprendimenti che ha acquisito e messo in pratica.

Carmen è titolare di un ristorante e ha una grande passione per la cucina. Come tutti gli imprenditori, deve dimostrare competenze specifiche nel proprio settore. Meglio ancora se sceglie delle nicchie ultra-verticali. L'imprenditore deve impostare la linea editoriale del suo profilo sulla divulgazione delle proprie competenze. Carmen ha un compito complesso, sulla piattaforma deve comunicare contemporaneamente per cercare collaboratori, clienti e fornitori. Quindi con la sua attività sul profilo deve dimostrare che:

- La sua azienda è un posto fantastico nel quale lavorare perché ha grandi obiettivi, cura la formazione e attrae collaboratori con la forza del proprio sogno.
- Le sue conoscenze specifiche sono di alto livello e quindi i clienti troveranno, anche se lavora in un settore comune, piccoli dettagli straordinari.
- I suoi collaboratori potranno imparare tanto da lei!
- Oppure, ed è veramente raro, l'impresa produce qualcosa di innovativo o rivoluzionario, che non ha nessun altro o che nessuno fa nello stesso modo.

Andrea è un veterano delle vendite con un curriculum di assoluta eccellenza. Ma finora non lo sa nessuno, perché lui non lo ha mai comunicato. Inoltre dovrà sicuramente cambiare settore perché lavorava per un mercato azzerato dalla pandemia. Che cosa deve fare un professionista esperto che si deve reinventare, cercando un nuovo lavoro o mettendosi in proprio come consulente?

Deve:
- Aggiornare il proprio profilo con le esperienze passate.
- Impostare una strategia di creazione di contenuti basata sui suoi casi di successo e sulle tecniche commerciali che conosce alla perfezione.
- Dimostrare che ha delle "soft skill" utili in qualsiasi settore; lo può certificare ricevendo conferme alle proprie Competenze chiave e tante Referenze di prestigio da ex clienti.

Personal Branding su Facebook e Instagram

Ogni social network ha il suo linguaggio e il suo tono. Su Facebook e Instagram va bene essere un po' più sbarazzini ed è corretto pubblicare anche informazioni personali. **Se hai deciso che la tua comunicazione professionale la farai su LinkedIn, non vuol dire però che sul tuo profilo personale di Facebook puoi darti alla pazza gioia.**

Devi sempre darti un contegno: che tu lo voglia o meno, diventerai una figura pubblica e quindi chi ti conoscerà su una piattaforma, quasi sicuramente ti cercherà sugli altri social. Questo è vero soprattutto per i temibili head hunter che, per mestiere, lavorano per verificare se sei una persona coerente o se hai degli scheletri nell'armadio.

Se nel tempo libero ami dipingere, non c'è nessun problema. Potresti dedicare il tuo profilo Instagram alle tue opere, ai tuoi gusti artistici e a documentare la visita a musei e pinacoteche. Perfetto!

Se invece ti piace ancora fare bisboccia con gli amici, meglio tenertelo per te, non trovi? Insomma se fossi un reclutatore boccerei la candidatura di qualcuno che pubblica nelle storie Instagram foto di sbornie leggendarie. Anche se ha un profilo LinkedIn perfetto!

Insomma per non sbagliare mai, io ti consiglio di curare il Personal Branding professionale esclusivamente su LinkedIn. E, se usi anche Facebook, Instagram, Tiktok o altri social, puoi usarli per dare risalto agli aspetti più personali della tua vita, anche di quella privata, sempre con grande sobrietà.

Sugli altri social potrai pubblicare hobby, passatempi, sport, passioni, l'importante è che siano attività lecite, politicamente corrette e che non ledano in alcun modo la tua immagine professionale.

Scelgo Instagram e Facebook come "altro social"?
Il mio consiglio è di favorire Instagram perché al momento in cui finalizzo questo libro - metà 2022 - è tra i due il più fresco, coinvolgente e quello con la maggior portata organica. Sì lo so, esiste anche TikTok e ha una portata pazzesca, ma questo è un libro su LinkedIn quindi non andiamo troppo fuori contesto.

Cosa dovresti fare su Instagram e Facebook
- Pubblica su un solo Social e ripubblica sull'altro. Dovrai familiarizzare con una sola app, così risparmierai tempo e pazienza.
- Non duplicare quello che fai su LinkedIn. Puoi postare di tanto in tanto un aggiornamento importante sulla tua carriera o sulla tua azienda ma poi spiega che per maggiori info bisogna andare su LinkedIn.
- Pubblica i tuoi dietro le quinte: hobby, passioni, sport, viaggi, cibi, esperienze ludiche, attività con persone interessanti.
- Decidi da subito se inserire o meno la tua famiglia sui Social Network. Io per esempio mi rifiuto di pubblicare alcuna informazione relativa al mio focolare domestico.
- Ti prego, a prescindere dalla scelta precedente, non pubblicare foto di bambini piccoli, specialmente se di età inferiore ai 5-6 anni. Lascia in pace figli e nipoti, se un domani vorranno apparire sui social lo sceglieranno di propria volontà.
- "Umanizza" la tua immagine ma non cadere mai nel ridicolo.

La Regola Numero Uno per scegliere cosa pubblicare oppure no
La regola di vita numero uno sui social network per chi ha un'immagine professionale da difendere è questa: **non pubblicare mai qualcosa che ti metterebbe in imbarazzo se saltasse fuori durante un importante appuntamento di lavoro!**

Controlla ogni contenuto social che ti riguardi

Adesso uso un paragone un po' forte: devi essere la "Gestapo" del tuo personal branding. Hai investito decine di ore di lavoro per aggiornare il tuo profilo LinkedIn e per creare una strategia di contenuti di successo; magari hai anche speso parecchi euro per attrezzature, corsi e campagne pubblicitarie. E poi il reclutatore dell'azienda dei tuoi sogni trova un video postato da un amico che ti riprende in situazioni imbarazzanti e te lo mostra durante il colloquio della tua vita!

Devi avere il controllo sul tuo Personal Branding! Ovvero devi controllare e verificare qualsiasi cosa sia pubblicata a tuo nome in ogni parte di Internet.

Come fai a impostare dei controlli?

Per prima cosa, fai una ricerca su Google, molto semplice, scrivendo nome e cognome. Per maggiore precisione, racchiudi tra virgolette, per esempio, "Roberto Buonanno". Se vuoi risultati ancora più utili, usa una finestra "in incognito" del tuo browser per questa ricerca.

Qui sotto vedi i risultati della ricerca di Roberto Buonanno:

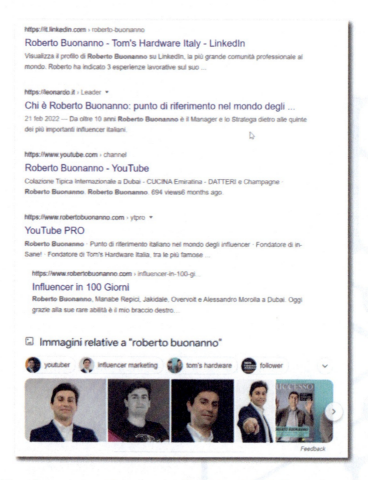

Guarda con attenzione: controlla i primi 5 siti che risultano, poi i video, se ce ne sono, e infine le immagini.

Nei primi elementi dell'esempio qui sopra ho:

- Il mio profilo di LinkedIn. Ecco perché deve essere aggiornatissimo!
- Un articolo su di me su Leonardo.it
- Il mio canale YouTube che ovviamente ho chiamato con il mio nome

- Il mio sito Internet www.robertobuonanno.com dove puoi comprare tutti i miei corsi su come diventare una superstar dei Social Network!

Più sotto troviamo le immagini.

Come vedi nell'immagine precedente, ci sono io in tutte le foto. Ma non è così scontato.

Guarda le due immagini a confronto. Quella in alto risale a dicembre 2020, quella in basso è del maggio 2022.

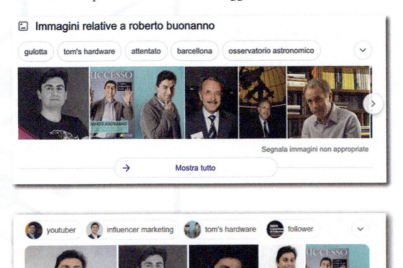

Nell'immagine del 2020 nelle prime due foto c'ero io. Poi c'era un mio omonimo, un brillante e noto astronomo che mi fa concorrenza nelle ricerche Google.

Sopra le immagini ci sono le parole chiave alle quali Google collega il mio nome. Una era dedicata a questioni di astronomia e ben tre alla tragedia dell'attentato terroristico di Barcellona dell'agosto del 2017, nel quale purtroppo ha perso la vita il mio amico e collega Bruno Gulotta. Quella notizia ha fatto il giro del mondo, e ai tempi ho rilasciato tantissime interviste ai principali mezzi di comunicazione nazionali. Di conseguenza, quelle parole chiave sono rimaste lì a lungo.

Insomma, la situazione era tutt'altro che ideale. Come ho fatto a far apparire solo me e nessun altro e ad aggiornare perfino le parole chiave? Ho adottata una massiccia politica di Personal Branding.

Pro Tip: Vale la pena estendere la tua analisi ad altri motori di ricerca oltre a Google? No, Google basta e avanza.

Controlla i risultati di ricerca della tua azienda e dei tuoi marchi

Devi controllare periodicamente lo stato di salute del branding tuo e della tua attività professionale o della tua azienda e dei tuoi marchi. Ci vuole veramente poco, ecco alcuni suggerimenti.

Fai ricerche manuali periodiche su Google
Ti basta digitare il tuo nome o quello dell'azienda e vedere che risultati escono. Ogni risultato che non è in linea con le tue politiche di branding non va bene. E quindi devi intervenire per modificarlo.

Ripeti la ricerca per ognuno dei tuoi marchi e focalizzati almeno sulle prime tre pagine di risultati.

Imposta gli avvisi di Google
La ricerca manuale è potente e ti permette un livello di controllo superiore a qualsiasi automatismo. Allo stesso tempo consiglio di impostare un Google Alert sul tuo nome e cognome, su quello dei dirigenti se ce ne sono, sulla ragione sociale dell'azienda e su ogni tuo marchio, registrato o non.

Per iniziare, vai su https://www.google.it/alerts

Inserisci nel campo di ricerca una o più parole. Se vuoi controllare chi pubblica qualcosa su di te, digita nome e cognome tra virgolette. Per esempio, "Roberto Buonanno", come vedi nella figura qui sotto.

Sotto vedrai una serie di risultati di ricerca relativi a quanto hai inserito. Così puoi iniziare a farti un'idea di quello che si dice sul Web a riguardo!

Io per esempio tengo sotto controllo il mio nome, quello dei miei manager e quello dei marchi di mia proprietà o che gestisco in licenza.

Se vuoi avere un controllo ancora più metodico e preciso e non temi una spesa di svariate centinaia di euro all'anno, potresti valutare l'uso di strumenti di "social listening". Ce ne sono per tutti i gusti, io uso per esempio BrandMentions mentre c'è chi preferisci TalkWalker e sono certo che ci siano anche altre alternative che in questo momento ignoro.

Hai registrato il tuo Nome di Dominio personale?

La registrazione del tuo nome di dominio personale è un passaggio molto importante per il tuo Personal Branding e **costa anche meno di dieci euro all'anno!** Per esempio, io ho lavorato per anni usando l'indirizzo di posta elettronica delle mie varie aziende. Quindi le mie e-mail erano del tipo @tomshw.it o @3labs.it, per esempio.

Se sei dipendente o collabori con un'azienda non tua, sai benissimo inoltre che ti sarà assegnata una casella e-mail all'inizio della collaborazione, che sarà disattivata quando te ne vai. Quindi l'ideale è avere una tua casella e-mail professionale sempre attiva e che usi in parallelo a quelle delle varie attività lavorative o aziendali.

Io faccio tanto il brillante, ma è solo da pochi anni che ci ho pensato. Grazie al suggerimento di un amico, ho quindi acquistato il dominio "buonanno.me" e ora uso come indirizzo email principale "roberto@buonanno.me". Carino, vero?

Spiego maggiori dettagli tecnici sull'operazione nella sezione "Usa un account Google".

Per ora sappi solo che è il caso di verificare da subito se c'è un dominio che fa al caso tuo. Potresti cercare per esempio il tuo cognome, come ho fatto io. Se è occupato, usa la sequenza "nome-cognome" .it, .com, .me. Le estensioni di dominio migliori per gli italiani sono .it e .com, il .me o qualsiasi altro lo prenderei come ultima spiaggia. Come è successo nel mio caso purtroppo!

Potresti sorprenderti in maniera positiva o negativa. Negativa quando a volte scoprirai che il dominio che corrisponde al tuo cognome o a nome e cognome è già occupato - e non l'avresti mai detto, perché magari non hai un nome comune o molto diffuso. In altri casi i domini più insospettabili li trovi liberi e pronti da comprare.

Ecco la procedura per registrare un dominio con il semplicissimo ed economico servizio tophost.it.

Se hai già esperienza o usi altri servizi, ovviamente rivolgiti al fornitore di tua preferenza. L'importante è che, se non l'hai già fatto, dopo aver letto queste pagine tu abbia registrato il tuo dominio personalizzato.

Per cominciare, inserisci il tuo nome e cognome nel campo di ricerca che trovi nella parte alta della homepage di Tophost.it, come vedi qui sotto.

Se il nome di dominio è disponibile, vedrai questa piacevole schermata. Seleziona il servizio "TopName", offerto a 5,99 euro più IVA. Sarà più che sufficiente per iniziare a tutelare il tuo nome online e avere una prima pagina web. Aggiungi al carrello e completa l'acquisto, pagando con carta di credito o PayPal! Dovrai fornire tutti i dati personali, assicurati di averli a portata di mano.

E se il dominio tuonome.it non è disponibile?

Prova con altre estensioni di nome di dominio come .com, .me, .info, punto qualsiasi cosa. Se sono tutte prese, usa un tuo nomignolo o un'abbreviazione.

Sicuramente troverai il modo per riservarti un tuo spazio sul web!

Riassunto del Capitolo

Impara a fare Personal Branding

Concetti chiave
- Il Personal Branding è la promozione di te come se fossi un marchio. Lo puoi controllare e gestire per avere grandi successi nel lavoro e nel business.
- Puoi iniziare a lavorare sul tuo Personal Branding anche se non hai ancora avuto esperienze lavorative.
- Diventare Influencer vuol dire essere in grado di influenzare un ampio numero di persone. Puoi iniziare la tua carriera di Influencer professionale proprio da LinkedIn.
- Usa linguaggio appropriato ed evita argomenti non legati alla tua professione.
- Ogni Social Network ha le sue regole e argomenti o tipi di contenuti che coinvolgono maggiormente rispetto ad altri. Fai in modo che tutti i tuoi profili social siano sinergici e coerenti. Non avere paura di mostrare hobby, attività sportive o culturali che ti definiscono come essere umano.
- Devi essere sempre al corrente dei risultati dati dalla ricerca su Internet di nome e cognome.

Lista di Azioni Da Fare
- Controlla i risultati di ricerca di tutto quello che ti riguarda
- Nome e cognome ed eventuale nomignolo o nome d'arte
- Ragione sociale della tua azienda
- Marchi di proprietà o in licenza

- Nomi dei tuoi collaboratori principali
- Imposta dei Google Alert su tutti i termini usati nelle ricerche precedenti: Nome e cognome, nome azienda, eccetera
- Scrivi una tua descrizione di 3-4 righe in termini di marketing. Come venderesti la tua professionalità in poche, incisive parole?
- Se non l'hai ancora fatto, registra il tuo nome di dominio personale prima che qualcuno te lo rubi!

Crea una rete
di contatti prestigiosa

*"Fare rete non consiste in quante persone conosci,
ma in quante persone conoscono te"*
AMIT KALANTRI, WEALTH OF WORDS

L'importanza della rubrica

Il mio mentore me lo diceva sempre: "**la tua rubrica dei contatti è tutto**".

Creare, aggiornare e mantenere in ordine la tua rubrica è l'attività più importante per la tua carriera e per il tuo business. Senza "forse", senza "se" e senza "ma"!

Va bene, non voglio esagerare, anche la contabilità è importante. Ma senza un network di contatti completo, accessibile e ben catalogato tu e/o la tua azienda non svilupperete mai il vostro potenziale di fatturato e quindi i contabili avranno ben poche fatture di vendita da registrare.

Ci sono tanti strumenti per gestire in maniera efficiente la rubrica: puoi usare un'agendina di carta oppure una rubrica digitale collegata a un account cloud di Apple, Google o Microsoft o chi preferisci tu. Ovviamente ti suggerisco il secondo sistema!

Questo libro non è una guida completa ai servizi digitali quindi ti consiglio quello che per me è lo strumento gratuito più potente, versatile ed efficiente. Dopodiché se hai altre preferenze o ritieni di avere le competenze per fare scelte più avvedute, a te la scelta.

Attenzione però: devi avere un TUO sistema personale e privato di gestione dei contatti. Anche se collabori con un'azienda che ti impone la propria rubrica digitale, tu in parallelo devi tenere la tua. Personale, preziosa e privata.

So che tanti ancora adorano la carta. In questa sede non voglio entrare in una polemica tra vintage versus nuove tecnologie. Ti scrivo solo: se stai sviluppando il tuo Personal Branding su LinkedIn, usa una rubrica digitale e fattene una ragione.

Non avrà il profumo, le sensazioni e il fascino della carta, ma quando proverai a collegare a LinkedIn la tua agendina rilegata in pelle anticata, ti assicuro che avrai qualche problema.

Usa un account Google

Come ho già anticipato questo non è un libro che tratta tutte le tecnologie e le mette a confronto o le recensisce. Nella mia esperienza ho imparato che, in certi settori, preferisco andare al sodo e usare direttamente quello che mi dice un mentore o un maestro. Punto e basta.

Quando ho deciso di affidarmi a una persona competente per investire il mio denaro, per esempio, ho fatto tutto quello che mi diceva e ho usato gli strumenti da lui indicati. Non mi sono messo a fare esperimenti per i fatti miei. Beh, insomma, qualcuno ne ho fatto e non è andato bene... era sicuramente meglio ascoltare il mentore!

Se hai l'esperienza per scegliere e usare qualsiasi tipo di strumento tecnologico, scegli liberamente quello che più ti piace e salta questa sezione.

A chi voglia un consiglio, eccolo qui: per esperienza personale e professionale, ritengo che i servizi gratuiti di Google offrano una qualità e quantità di servizi impareggiabili.

Se hai già un account Google personale, usalo. Se in quell'account c'è qualcosa che non ti piace - un nome strano o contenuti che vuoi tenere riservati al 100% - apri un nuovo account solo per la gestione del tuo Personal Branding e della tua rubrica. Tanto è gratis, che ti importa?

Google oggi fornisce gratis degli strumenti incredibili che, anni fa, non avremmo sognato di poter avere nemmeno a pagamento.

Gmail

Gmail è un servizio di posta elettronica molto evoluto, ricco di funzioni e che può competere per qualità, strumenti a disposizione e velocità con qualsiasi soluzione a pagamento. Offre uno spazio di partenza di 15 Gigabyte, una quantità enorme che ti permette di archiviare anni di e-mail.

Puoi usare Gmail da qualsiasi browser web senza installare nessuna applicazione. E lo puoi configurare in ogni app di gestione e-mail al mondo, su computer, tablet o smartphone.

Contatti Google

La mia Rubrica online preferita. Si collega automaticamente a Gmail e a tutti i servizi di Google e la puoi impostare su qualsiasi dispositivo, dagli iPhone ai PC Windows.

Google Drive

Google Drive è un servizio di archiviazione dati in cloud con il quale puoi sfruttare i famosi 15 GB del tuo account anche per caricare e conservare in sicurezza ogni tipo di file: documenti di testo, fogli di lavoro, foto, PDF, altro. Ha anche delle applicazioni per computer e smartphone per facilitare accesso e sincronia dei file. Nota, io uso anche Dropbox, che ha un software di sincronia più sofisticato rispetto a quello di Google Drive.

Documenti, Fogli di Calcolo e Presentazioni di Google

Questo è un altro servizio incredibile al quale non avrei mai creduto solo pochi anni fa. Google ha creato delle sue versioni dei programmi di Microsoft Office completamente online, che si usano via browser. Ci sono tutte le funzioni più importanti, non devi installare niente e i documenti sono conservati sul cloud in massima sicurezza. Avrai a disposizione un elaboratore di testi, uno di fogli di lavoro e uno di presentazioni. Sono gratis e potenti: nelle mie aziende li usiamo per creare e scambiare la maggior parte dei documenti aziendali e usiamo Microsoft Office solo poche volte, specialmente per alcuni file Excel particolarmente complessi.

Acquista il servizio Premium

Se ti trovi bene con gli account Google, potresti andare avanti tutta la vita con i servizi gratis che, tra l'altro, migliorano e si ampliano mese dopo mese, sempre senza richiedere alcun esborso. In realtà Google qualcosa prende: si tratta dei tuoi dati. In pratica - lo dico in parole povere e senza precisione scientifico-legale - dai in pasto parte della tua privacy in cambio di un ottimo servizio.

Per me ne vale la pena, a te la scelta! Del resto ormai dovresti saperlo, o no? "Se non stai pagando per un prodotto, allora il prodotto sei TU".

Se vuoi usare i servizi Google con una marcia in più e con maggior controllo sui tuoi dati personali e aziendali, puoi acquistare un abbonamento al servizio premium Google Workspace - precedentemente noto come "GSuite".

Pagando una decina d'euro al mese per Google Workspace avrai:

- Spazio di archiviazione in cloud illimitato (anche se non è specificato chiaramente è così, fidati).
- Potrai usare un tuo dominio personalizzato, come nel mio caso: le mie e-mail usano il dominio "buonanno.me". Così le tue comunicazioni sembreranno più professionali!
- Puoi impostare gratuitamente vari alias per la tua e-mail - per esempio, servizio@nomecognome.me, info@nomecognome.me, jobs@nomecognome.me.
- Avrai a disposizione server più veloci rispetto a quelli degli utenti di account gratuiti - anche se questa è un'altra funzione non documentata ma che ti confermo in base a miei test empirici.
- Potrai archiviare tutte le tue e-mail, per tutta la vita e avere quindi un database fondamentale che conserva la memoria di tutte le tue conversazioni e le tue relazioni.

E quali sono gli svantaggi di Google Suite a pagamento?
Principalmente uno. La configurazione è complessa. Ci sono tantissime opzioni e funzionalità, come per esempio il prezioso trasferimento dei dati da un altro account Google esistente. Ma in generale, il pannello di gestione è lo stesso che usano gli amministratori di sistema delle grandi aziende. È pensato per smanettoni con grande competenza, di conseguenza potresti dover passare alcune ore ad imparare ad attivare alcune funzioni che sulla Gmail gratuita, per esempio, sono automatiche.

Secondo me, il risultato vale lo sforzo ma ovviamente io sono pratico di tecnologie, software e pannelli di controllo.

E puoi sempre decidere di affidarti a dei professionisti per impostare una volta per tutte il tuo account per poi lavorare con serenità.

I migliori servizi alternativi
Non ti posso consigliare nessun servizio gratuito alternativo a quello di Google. Per me è il migliore, punto e basta.

Chi è disposto a pagare, invece, potrebbe considerare l'ottimo Office365. Nella versione attuale, il pacchetto di Microsoft offre la licenza di tutte le applicazioni di Microsoft Office e un ottimo servizio cloud.

Io preferisco Google Suite ma devo ammettere che **anche l'offerta di Microsoft Office365 è valida**. Io personalmente ho entrambi gli account a pagamento perché ritengo ancora che avere installata sul mio computer la suite di Microsoft Office sia indispensabile.

Come Migliorare l'efficacia delle tue Richieste di Collegamento

Come spiego anche io in questo stesso libro, non devi accettare qualsiasi richiesta di collegamento ti arrivi su LinkedIn. Bisogna essere un po' selettivi per creare una rete di contatti coerente e sinergica con la tua strategia di sviluppo professionale e di business. Quindi, immagina di contattare una marketing manager di New York che, fino a oggi, non aveva la più pallida idea della tua esistenza. Premesso che tu stia contattando la persona corretta e che questa sia rilevante per te e viceversa, **come puoi fare per attirare l'attenzione ed evitare che la tua richiesta sia cestinata?**

Per primissima cosa, fai l'attività di aggiunta contatti rigorosamente dal computer, in modo da avere a disposizione tutti gli strumenti di LinkedIn e una tastiera per scrivere comodamente.

Secondo: prima di iniziare a contattare gente a caso, hai la certezza di avere curato il tuo Profilo in maniera maniacale? Per esempio, hai caricato una bella foto? È la prima cosa che guarderanno e io per esempio non aggiungo persone che non abbiano una chiara foto del proprio volto.

Se non hai ancora seguito tutti i consigli elencati nei capitoli precedenti, torna indietro e fallo subito. Fino a che il profilo non è allo stato dell'arte non ti conviene provare a contattare nuove persone. Avresti una percentuale di successo inferiore a quella che potresti avere con un profilo ottimizzato.

Hai 300 caratteri a disposizione per attirare l'attenzione

300 caratteri è la lunghezza del campo del Messaggio facoltativo che LinkedIn ti mette a disposizione nelle richieste di collegamento. Per me questo messaggio è obbligatorio, altro che facoltativo. Si

tratta di uno strumento fondamentale per innescare l'attenzione di chi stai contattando. A meno che tu non sia una super personalità di rilievo in assoluto o nel tuo settore, **investi sempre del tempo per personalizzare la tua richiesta.**

Quindi, dando per scontato che il tuo profilo sia perfetto, ecco cosa devi fare per proseguire al meglio. Ora è il momento fatidico di premere il bottone **Collegati** che fa apparire una finestrella. Ma attenzione, non affrettarti a cliccare subito su "Invia un invito".

Come esempio, mi collego al profilo del mio amico Stefano Pisoni. La prima cosa che noterai è che manca il tasto "Collegati" ma c'è quello "Segui". Questo perché Stefano ha preferito impostare l'azione di default del suo profilo in questo modo - più avanti vedrai come farlo a tua volta se lo reputi necessario.

Per trovare la funzione giusta, cliccare sul bottone "Altro" e poi nel menu a tendina, su "Collegati".

LinkedIn risponde alla tua azione con questa finestrella.

Ti sembra tutto a posto giusto? Niente di più sbagliato! **DEVI aggiungere una nota** usando il tasto preposto a questa funzione. Se non l'aggiungerai, la tua richiesta di collegamento avrà una probabilità molto inferiore di essere accettata.

Come si deve impostare questo messaggio di massimo 300 parole? Consiglio di usare un po' di psicologia e un po' di tecnica commerciale.

Sintetizzo il mio "Metodo Buonanno" per la scrittura delle note con queste regolette.

1. Parla dell'altra persona e non di te.
2. Fai complimenti sinceri alla persona, per la sua carriera, i suoi successi o le sue skill.
3. Poi complimentati per il suo prodotto o servizio, la sua azienda.
4. Opzionale: cita dei suoi post sui social o partecipa alle sue discussioni.
5. Trova punti in comune.
6. Infine prova a essere interessante: mettiti a disposizione per aiutare o per soddisfare un bisogno o per andare incontro a una necessità.
7. E se la persona non accetta la tua richiesta… vai di e-mail o InMessage!

Metodo in 7 punti per mandare Richieste di Contatto Efficaci

1. **Parla dell'altra persona e non di te**
   Quando fai un incontro d'affari dal vivo, devi in qualche modo presentarti: dirai in due parole come ti chiami e cosa fai. Su LinkedIn non ce n'è bisogno: se chi hai contattato vuole sapere tutto su di te, andrà a visitare il tuo profilo. E sappi che questa indagine succede nella maggior parte dei casi.
   Inoltre lo spazio a disposizione è veramente poco, hai solo 300 caratteri. Quindi per colpire nel segno non devi scrivere una sequenza di "Io sono... io faccio... io propongo". Non gliene frega niente a nessuno. **Devi mettere il tuo interlocutore al centro dell'attenzione!**

2. **Fai complimenti sinceri**
   Le persone vogliono essere gratificate e, perché no, adulate. Anche a te piace, di' la verità! E quindi apri il tuo messaggio con un complimento sincero. Del resto, se stai contattando Stefano, è perché lui ha o fa qualcosa che ti interessa. E se in quello specifico momento stai cercando proprio lui e non qualcun altro, sarà perché Stefano ha qualcosa di speciale. Esprimilo con chiarezza nelle prime parole, che devono andare proprio sul personale "Caro Cersei, ammiro il tuo lavoro di marketing" oppure "ti ho seguito in live streaming, sei uno speaker eccezionale, bravo!"

3. **Fai i complimenti al prodotto o servizio**
   Dopo la sviolinata personale, è il momento di quella professionale: "I tuoi articoli da giardino sono il top, li compro da una vita" oppure "quando mi chiedono un consiglio, suggerisco sempre il tuo blog di finanza".

4. Opzionale: cita i contenuti che ha pubblicato su LinkedIn

Forse il modo migliore per entrare in sintonia con un perfetto sconosciuto è di fargli capire che lo segui. Se vuoi aggiungere alla tua rete di contatti una persona, guarda se pubblica regolarmente contenuti su LinkedIn. Se lo fa, leggi gli ultimi contenuti con attenzione e scrivi dei commenti che facciano capire che hai assimilato i concetti e che li apprezzi. Piazza due o tre commenti nel corso di una settimana, conferma le sue competenze nel settore relativo al post e poi fai la tua richiesta di collegamento. Nel messaggio scriverai qualcosa del genere: "Caro Luca, complimenti per il tuo articolo sulla gestione della paura, mi piace molto come colleghi la psicologia allo sviluppo professionale. Ti andrebbe di vederci per un caffè e capire come implementare nella mia azienda le tue conoscenze?"

5. Trova punti in comune

Studia il profilo del tuo potenziale contatto, e vedi per esempio se hai frequentato le stesse scuole e lavorato direttamente o indirettamente per le stesse aziende o realtà. Quindi per creare un "link" potresti esordire con: "Ciao Silvia, anche io mi sono laureato alla Statale di Milano, che ricordi! Facevi lezione anche tu il Prof taldeitali?".

Oppure: "Dopo la laurea ho lavorato anche io alla Microsoft per un periodo, ma forse eravamo in uffici diversi e non ho potuto conoscerti. Che ne dici di recuperare adesso?"

6. Piazza la zampata!

Ora che hai lodato in tutti i modi possibili, è il momento di piazzare il colpo. Devi essere interessante e ti rimangono pochissimi caratteri. E non devi scrivere in prima persona singolare o parlare di te. Fai riferimento a opportunità per il tuo interlocutore. Ci sono quelle ovvie che attireranno l'attenzione senza problemi, come "saresti perfetta nel ruolo di marketing manager della nostra azienda, hai mai pensato a un cambiamento?".

Se l'obiettivo del contatto non è di dare qualcosa ma di prendere - per esempio, vuoi che Stefano compri i tuoi prodotti - devi sempre parlare di vantaggi per lui ma non andare nel dettaglio di cosa vendi. "Hai mai pensato a strumenti per migliorare la tua redditività?" o "Hai visto la recente ricerca sulla gestione documentale? Ti andrebbe di condividere la tua opinione?"

Se non hai una specifica offerta vantaggiosa, ma vuoi solo sondare il terreno e ampliare il tuo network, devi comunque offrire dei vantaggi. Ci sono anche messaggi generici che possono funzionare, come per esempio "ti piacerebbe ampliare la tua rete di clienti in Italia?" oppure "hai mai pensato a come espandere il business in altre regioni?" oppure ancora più semplice "dedicheresti qualche minuto del tuo tempo a chi ti propone opportunità di sviluppo del tuo business?"

Attenzione! Salva l'intero messaggio nei tuoi appunti, sul blocco note del computer o nelle note del telefono. Potrebbe servirti nel prossimo passaggio.

7. E se la persona non si collega... hai provato a farti presentare?

Anche se hai fatto un lavoro perfetto, c'è sempre la possibilità che la persona non accetti la tua richiesta. Magari non guarda LinkedIn, o forse è troppo impegnata, o chissà, ti ha preso per l'ennesimo scocciatore. Hai già verificato se qualcuno dei tuoi contatti di primo livello - o nella vita reale - conosce questa persona e può presentartela? In tal caso, armati di diplomazia e chiedi al tuo contatto di scriverti un'e-mail di presentazione ufficiale.

8. Se niente ha funzionato... vai di e-mail o InMessage!

Se nessuna delle azioni elencate qui sopra ha avuto successo, è il momento di prendere il coraggio a due mani. **Non arrenderti!** Se è passata almeno una settimana dal tuo tentativo di contatto, è il momento di usare l'artiglieria pesante. Hai due possibilità. La prima è di scovare l'indirizzo e-mail di questa persona e mandarle una mail, usando come base il tuo messaggio d'introduzione che hai salvato in precedenza. Spiego come trovare le e-mail aziendali facilmente nel capitolo "Collegati a tutti i costi!".

La tua seconda opzione, se hai uno dei profili di LinkedIn a pagamento, è di "spendere" uno dei tuoi messaggi "InMessage" per scrivere a questa persona e convincerla ad avviare una relazione con te.

Pro Tip: inviare messaggi gratis grazie ai Gruppi. Se c'è una persona che vuoi contattare ma che non ha ancora accettato una tua richiesta di connessione, puoi comunque mandare un messaggio diretto gratuito. Basta che siate entrambi nello stesso gruppo! Quindi, se già non ci sei, assicurati prima di entrare nel gruppo frequentato dalla persona che ti interessa. E poi potrai facilmente inviare un messaggio diretto. Attenzione, potrai mandare un massimo di 15 di questi messaggi gratuiti al mese: sfruttali bene!

Come ampliare la tua rubrica tramite LinkedIn

Che dati trovi nel profilo LinkedIn di una persona?

Ogni utente di LinkedIn decide quali dati personali mettere a disposizione dei propri contatti di primo livello. C'è chi si limita a indicare un indirizzo e-mail; ma c'è anche chi inserisce il numero di cellulare, i suoi profili di qualsiasi sistema di messaggistica al mondo e ogni altra sorta di dato di contatto.

Nella tua rete quindi hai una miniera d'oro fatta di indirizzi e-mail e numeri di telefono pronti per essere aggiunti alla tua rubrica dei contatti.

Hai due modi per popolare la rubrica a partire dal tuo profilo LinkedIn.

Il primo è di copiare e incollare manualmente dal profilo dei tuoi contatti i dati che hanno deciso di pubblicare.

Molti professionisti usano LinkedIn proprio per mettere a disposizione della propria rete numeri di telefono, utenza di Skype e altri programmi di messaggistica e ovviamente gli indirizzi e-mail personali o aziendali. Ovviamente se hai migliaia di contatti, importarli a mano è un lavoraccio.

Come seconda opzione hai lo scraping e altri sistemi automatici. Ci sono infatti vari servizi in giro per la rete, più o meno complicati da usare, che estraggono con facilità i dati del tuo network di LinkedIn.

Chi è curioso, faccia una ricerca su Google. Per quanto mi riguarda, si tratta di un argomento troppo borderline e tecnico e quindi è fuori dal contesto di questo libro.

Devo però avvisare i curiosi: **collegare un software o un servizio esterno al tuo profilo LinkedIn potrebbe portare a conseguenze negative**, come la sospensione temporanea dell'account o, addirittura, la sua eliminazione.

Io non rischierei!

Mettere al sicuro i contatti sul Cloud

La tua rubrica di contatti deve, e ribadisco DEVE, essere sincronizzata su un servizio cloud. Ci sono tante ottime alternative oggi - Google, iCloud di Apple, Office 365 di Microsoft. Scegline una e sincronizza sempre la tua rubrica di contatti del telefono con un servizio cloud. La peggior disgrazia che possa capitare a un professionista - e a maggior ragione a chi lavora in campi legati alla comunicazione - è la perdita del proprio database dei contatti.

Come anticipato qualche pagina fa, io suggerisco di usare un account gratuito o a pagamento di Google, ma la scelta è tua: **l'importante è che la tua rubrica abbia un backup sempre aggiornato sul cloud!**

I servizi Google si possono impostare su qualsiasi tipo di dispositivo - computer Mac o basati su Windows o Linux, smartphone Android o iPhone. Altri servizi invece sono di natura proprietaria. Per esempio, se conservi i tuoi contatti solo su iCloud, ovvero nell'ecosistema Apple, avrai una pessima esperienza quando deciderai di passare a telefonini di altre marche.

Ricorda anche di **eseguire regolarmente il backup** dei dati del tuo profilo personale di LinkedIn usando la procedura che descrivo nel capitolo "Trucchi e Consigli per il tuo Account". E già che ci sei, salva anche gli stessi backup sul tuo servizio preferito di archiviazione in cloud.

Infine, io suggerisco di fare anche un salvataggio periodico della tua rubrica sul computer. Io per esempio lo faccio regolarmente sul mio attuale computer, un Macbook. Ho installato una semplice applicazione, che costa pochi euro e si chiama "BusyContacts". Questa mi permette una visione immediata della mia rubrica e inoltre fa un prezioso backup quotidiano dei contatti. Quindi ho sempre un salvataggio locale se per qualche errore umano la mia rubrica sul cloud sparisce oppure diventa inaccessibile perché perdo l'account.

Qui sotto vedi la definizione di paranoia. Questa è la schermata di backup del mio BusyContacts su Mac. Quindi non solo ho i contatti salvati in cloud su Google in un account professionale; ho anche una rubrica locale, gestita con BusyContacts. Questo salva ogni giorno un backup diverso della rubrica e mantiene gli ultimi 50. E ovviamente, il backup lo salvo su un altro sistema di archiviazione in cloud, ovvero Dropbox.

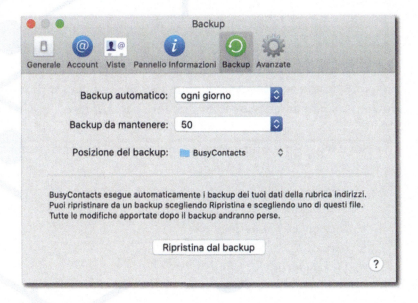

Chi accettare e chi rifiutare

LinkedIn ti offre un massimo di 30 mila connessioni. Sono tantissime, se pensi che su Facebook puoi aggiungere fino a 5 mila amici e che, nonostante la natura più faceta e ludica del primo social network, pochi hanno una rete così vasta.

Avere a disposizione 30 mila connessioni vuol dire che devi accettare tutte le richieste che ti arrivano? Assolutamente no. Anche se probabilmente non arriverai mai al fatidico numero massimo consentito, è bene fare una selezione.

Se per esempio lavori nel settore della tecnologia medica, ha senso che le tue connessioni siano tutte relative a questo specifico settore. In generale consiglio, anche all'inizio della tua carriera su LinkedIn, di non aggiungere chiunque solo per "ingrassare" il tuo profilo. La scelta di scremare le connessioni paga sempre.

Prendi il mio caso. Le mie aziende sono attive nei seguenti settori:

- Editoria online
- Videogame
- Influencer Marketing
- eSport
- Hobby e Giochi

La mia ambizione è di ampliare le possibilità di business delle mie aziende relative ai settori citati qui sopra. Di conseguenza ho sempre aggiunto persone con ruoli strategici delle migliori aziende.

- Titolari d'Impresa
- Amministratori Delegati, o CEO per dirla all'inglese

- Marketing Manager
- Product Manager, e in generale manager e decision maker di qualsiasi tipo
- Colleghi: giornalisti, manager di influencer, specialisti dei settori tecnologia, videogame, eSport, eccetera.

Da un paio d'anni ho deciso di aggiungere anche personalità che trovo interessanti anche se non appartengono direttamente ai settori che frequento regolarmente: Amministratori Delegati o Titolari di aziende di successo di qualsiasi settore, per esempio.

In ogni caso c'è un criterio: cerco di creare connessioni con persone che ritengo essere utili alla mia crescita personale e professionale e del fatturato delle mie aziende.

Se ritieni che il numero di connessioni possibili possa limitarti, non preoccuparti. In compenso, puoi avere una quantità infinita di follower e, in futuro, potrai usare le funzioni di LinkedIn Premium per contattare persone che ancora non sono nel tuo network.

Chi dovresti rifiutare o rimuovere?
So che non sembra etico, ma io preferisco non accettare le richieste di collegamento di ex dipendenti o ex collaboratori. Soprattutto se hanno lasciato le mie aziende per entrare in aziende concorrenti. Non vedo motivo per avere relazioni con loro e considerarli parte del mio network: se l'avessero voluto sarebbero rimasti con me. Anzi di tanto in tanto mi ricordo di rimuoverli dalla mia rete.

Allo stesso modo consiglio di rifiutare le richieste di collegamento o di rimuovere i contatti che avevi per obbligo aziendale ma che a te non dicevano niente. Puoi vivere bene anche senza avere nella tua rete decine di ex colleghi o ex fornitori e clienti con i quali ritieni di avere poco da condividere.

Infine, io rimuovo chiunque faccia uno scivolone su temi di sport, politica, religione o questioni legate a preferenze sessuali. Se nel mio feed vedo una battutaccia su uno di questi temi, solitamente mi scollego dall'autore.

Devo accettare tutti i miei colleghi?

Dovresti accettare nella tua rete di contatti tutti i collaboratori o dipendenti della tua azienda? Ottima domanda. **LinkedIn è un tuo capitale personale**, come ogni tuo profilo social. Ovvero, a meno che tu non abbia aperto un account aziendale di LinkedIn - il che sarebbe alquanto strano - sta a te e solo a te decidere cosa fare con il tuo profilo.

Quindi, la mia risposta è aggiungi tutti i colleghi solo se sono interessanti. Se non lo sono, aggiungili solo se è un obbligo dato dalla policy aziendale. Se hai accettato di lavorare per un'azienda che mette in atto una politica di questo tipo sull'uso dei profili social, prendine atto con serenità e fattene una ragione. Puoi sempre tenere una "lista nera" di tutte le persone che ti hanno obbligato ad aggiungere che potrai eliminare o bloccare in seguito!

In ogni caso, se ti obbligano ad aggiungere sul tuo profilo LinkedIn tutti i tuoi colleghi, verifica che l'azienda abbia in essere anche delle policy di alta qualità per la gestione dei profili. Se non le ha, proponi a chi di dovere di costruire una serie di regole da dare ai collaboratori per la loro presenza su qualsiasi social. Se in azienda non hanno idea di che pesci prendere a riguardo, regala al referente una copia di questo libro! Oppure potresti candidarti per diventare tu referente per le politiche social.

Se non sei obbligato ad aggiungere i colleghi è comunque una buona cosa per la sana e pacifica convivenza far vedere che socializzi anche su LinkedIn.
Io ti consiglio di seguire a prescindere le tue regole per l'ampliamento del network. Ovvero, se hai deciso che aggiungi solo persone che hanno una determinata cura del profilo e una collega

ti chiede il contatto su LinkedIn, le puoi dire serenamente che l'aggiungerai solo se segue le linee guida di questo libro: una bella foto, dati lavorativi aggiornati e precisi, comportamento ottimale nella community. Quindi se sei nel reparto commerciale e la tua collega dell'amministrazione ti aggiunge, guardi cosa fa su LinkedIn esattamente come devi fare per ogni altra persona che ti contatta. Se vedi per esempio che la collega passa la giornata a postare notizie di politica o che fa uscite sconvenienti riguardo a temi per te sensibili, ignorala tranquillamente. E se insiste, spiegale come si usa bene LinkedIn e, ovviamente, puoi sempre suggerirle di comprare questo libro :)

C'è poi un'ultima considerazione. Se hai impostato la tua strategia decidendo che vuoi essere in contatto continuo, costante, produttivo con tutti i Chief Finance Officer del mondo, non ha senso che aggiungi il magazziniere o la tizia del marketing o dell'amministrazione al tuo profilo. Lo sporcheresti, nel feed avresti contenuti diversi da quelli che vuoi leggere e i preziosi suggerimenti di collegamento di LinkedIn diventeranno meno precisi.

Se ti stai chiedendo cosa faccio io, ebbene io non accetto tutti i miei colleghi. Ho già un profilo LinkedIn bello incasinato siccome ho cambiato vari ruoli, settori e interessi. Avendo varie aziende operanti in diversi settori, ovviamente il mio profilo è una specie di macedonia. Figuriamoci se aggiungo persone che non hanno i miei stessi interessi o tipologia di contatti professionali. Per esempio, collaboratori e dipendenti sviluppano la propria rete di contatti per aumentare le proprie chance di avere proposte di lavoro sempre migliori; io lo faccio per cercare nuovi clienti e nuove fonti di fatturato. Di conseguenza i primi si rivolgono a responsabili di risorse umane e head hunter, io principalmente ad amministratori delegati, titolari e azionisti oppure a marketing manager e business development manager.

Ultima osservazione: se in azienda sei più in alto in gerarchia, che siano gli altri ad aggiungerti e non viceversa. Ovvero, se sono assistente marketing, aggiungo Marketing Manager, CFO, COO, CEO, Titolare della mia società. Ma non mi aspetto che sia il Titolare a ricordarsi di aggiungere me. Insomma se sei un o una Boss, e le tue risorse vogliono accedere alla tua prestigiosa rete di contatti, che facciano loro il primo passo!

Crea la tua strategia di networking

Questa sezione sarà molto breve, perché il concetto è semplice. L'esecuzione ovviamente è un altro paio di maniche e l'affrontiamo nella sezione successiva.

La tua strategia di networking
- Crea due o tre testi standard da usare per impreziosire le tue richieste di collegamento e tienili sempre a portata di mano. Sotto questo elenco trovi degli esempi.
- Usa la ricerca semplice o quella booleana e identifica regolarmente un buon numero di persone interessanti per il tuo business o per il tuo sviluppo personale/professionale.
- Usa la ricerca anche per trovare le aziende che ti interessano e poi, sfoglia i dipendenti presenti su LinkedIn per trovare figure rilevanti per te.
- Segui le aziende del tuo stesso settore e partecipa alle discussioni che nascono dai loro contenuti.
- Cerca Gruppi di LinkedIn utili per ampliare la rete. I Gruppi sono un ottimo modo per trovare utenti attivi, perché chi partecipa a dei gruppi sicuramente cerca interazione con professionisti con interessi simili.
- Impegnati ad aggiungere tutte le persone interessanti che incontri fisicamente durante la tua attività lavorativa o in video chiamata. Fallo durante l'incontro, così saranno obbligati ad accettare!
- Segui i leader del tuo settore e partecipa alle loro discussioni. Nell'ambito di queste discussioni, vedi chi sono le persone che scrivono le cose più interessanti o che lavorano in aziende per te rilevanti.
- Impara a sfruttare tutte le possibilità tecniche di LinkedIn: pubblica post e articoli ma anche video e dirette stre-

aming. Ricorda di usare spesso di allegati preziosi come infografiche o approfondimenti in PDF.

Prepara testi standard sempre a portata di mano
Gli smanettoni li chiamano "snippet", in italiano potresti definirli ritagli o "Pizzini" se ti diverte di più! I tuoi ritagli devono contenere alcuni blocchi di testo che digiti molto di frequente. Li puoi conservare in un semplice file di testo sul computer, oppure nella tua app di note preferita, come Evernote, Google Keep o Note di Apple per esempio.

Ci sono anche applicazioni create apposta per richiamare rapidamente i tuoi ritagli, io per esempio uso TextExpander, ma la consiglio solo ai veri smanettoni.

Ecco un esempio dei miei Pizzini.

- La ragione sociale della mia azienda, con partita IVA, pec, codice per la fatturazione.
- Il mio indirizzo di spedizione da dare a chi deve mandarmi qualcosa a casa o in ufficio.
- Il mio codice fiscale!
- La mia presentazione base per le attività di siti web e influencer: "Sono Roberto Buonanno, titolare di Tom's Hardware Italia, TechRadar Italia e SpazioGames.it. Gestiamo anche numerosi influencer che lavorano su YouTube, Instagram e TikTok, con milioni di follower. Potremmo sentirci in video chiamata o telefonata tradizionale per discutere delle sue esigenze? Quali sono le sue disponibilità oggi o nei prossimi giorni?"
- Gli auguri per le feste in periodi particolari, come fine anno: "Ne approfitto per farti tanti auguri di un grande Natale e una splendida fine dell'anno! Scommetto che nell'augurare buon anno nuovo ti ricorderai di me :)"

- La firma che aggiungo alle mie e-mail quando contatto una persona per la prima volta o quando voglio inviare i miei dati di contatto.
- La presentazione del mio canale YouTube.

Insomma, se non vuoi perdere la parte migliore della tua vita scrivendo sempre le stesse identiche frasi alle centinaia di persone alle quali ti presenterai, prepara i tuoi Pizzini. Quando ti colleghi a una nuova persona, scrivi un messaggio in parte originale e in parte copiato e incollato dai tuoi preziosi testi salvati in precedenza.

Pro Tip: prova l'applicazione TextExpander o sue alternative. Potrai richiamare tanti ritagli di testo in maniera immediata, risparmiando un sacco di tempo e aumentando la tua produttività. Gli iPhone e i computer Mac integrano qualcosa di simile in maniera gratuita con la funzione "Abbreviazioni".

I tuoi rituali quotidiani e settimanali

Perché scrivo di rituali? Non preoccuparti, non devi mettere mano a lingue di pipistrello, piume di fenice o radice di mandragora. Un rituale è una serie di azioni che compi sempre nella stessa maniera, nella stessa sequenza e, possibilmente, con la stessa frequenza.

Se imposti un rituale e lo pratichi con devozione religiosa, diventerà un'abitudine e presto non potrai più farne a meno. Ovviamente ci sono abitudini positive come fare esercizio fisico ogni mattina oppure negative come fumarsi una sigaretta appena svegli. Nel nostro caso, ti spiegherò come impostare un rituale dedicato all'espansione del tuo network su LinkedIn. Lo puoi svolgere ogni giorno o anche una volta alla settimana. Durante il tuo primo periodo su LinkedIn ti consiglio di dedicartici ogni mattina!

Rituale quotidiano di esplorazione e aggiunta nuovi contatti

Consiglio di usare come strumento per questo rituale il tuo smartphone. Così non avrai nessuna scusa per non farlo e inoltre alcune delle operazioni elencate sono più semplici e immediate da telefono.

Un altro vantaggio dello smartphone è che l'interfaccia è più agile e veloce e quindi alcune operazioni sono più semplici da fare. Ovvero, con l'app mobile riesci a fare più connessioni in meno tempo anche se con meno efficacia, perché la preziosa scrittura delle note è più complicata rispetto che da computer.

Quindi, una volta al giorno, meglio se la mattina durante attività ripetitive - prepari e sorseggi il caffè, aspetti che la lavatrice finisca, o che il bagno si liberi - prendi il tuo smartphone e apri LinkedIn.

Rituale quotidiano di Networking

Strumento: Smartphone o Tablet
Durata: 10-15 minuti
Momento: possibilmente ogni mattina prima di entrare in contatto con il lavoro

1. Per ora, ignora le notifiche.
2. Vai su Rete e consulta le nuove richieste di contatto ovvero gli "Inviti".
   - Accetta se sono coerenti con la tua idea di sviluppo del tuo network;
   - Rifiuta i contatti che non trovi interessanti o fuori settore o fuori tema rispetto alla tua idea di network;
   - Se hai accettato nuovi contatti, verifica la lista dei Collegamenti delle persone appena aggiunte che LinkedIn ti suggerisce come "Collegamenti di Tizio che potresti conoscere"
3. Guarda per 5 minuti le idee di nuovi contatti che ti propone LinkedIn nella sezione "Alcuni suggerimenti per te".
   - La lista "Persone con cui potresti aver lavorato a stretto contatto" è abbastanza interessante;
   - Quella delle "Persone che potresti conoscere che hanno studiato presso i tuoi stessi istituti" per me un po' meno, ma se hai una carriera accademica potrebbe sorprenderti;
   - La mia preferita è quella "Persone che potresti conoscere con ruoli simili";
   - La mia seconda preferita è "Persone che potresti conoscere a Milano" ovvero nei tuoi dintorni
   - Molto interessante anche la lista "Persone nel settore <tuo settore>".
4. Guarda finalmente le notifiche e vedi se ci sono massimo due post interessante di personalità di prestigio che segui.

- Leggi rapidamente i post;
- Consigliali o condividili;
- Scrivi un commento rapido o, se ti serve tempo per postare un commento incisivo, annota l'attività e falla più avanti nella giornata.

Rituale settimanale di controllo delle statistiche

Ogni settimana verifica la crescita del tuo profilo in termini di numero di persone collegate, di follower e di "copertura". Spiego tutti i dettagli tra qualche pagina.

La Revisione semestrale dell'Account

Ripeti l'importazione da e-mail

Come per la tua automobile c'è il tagliando, anche il tuo account ha bisogno di una revisione annuale. Nel Capitolo sui primi passi da compiere, ti spiego come funziona l'importazione e-mail e come eseguirla per la prima volta. Consiglio di ripetere questo processo ogni sei o dodici mesi, a seconda di quanto rapidamente cresce la tua rubrica degli indirizzi e-mail.

Esegui un Backup di tutti i contatti

Almeno ogni sei mesi, esegui un backup di tutto il tuo profilo. Ti spiego come si fa nel capitolo "Trucchi e Consigli".

Pro Tip: stabilisci i tuoi rituali e poi trascrivili su un'agenda cartacea che porterai sempre con te. Scrivere i propri obiettivi e le proprie attività più importanti ha un potere magico e ti aiuterà a raggiungere i tuoi risultati più facilmente!

Creare una policy aziendale per LinkedIn

La tua azienda deve avere una policy per l'uso di ogni Social Network personale da parte dei dipendenti. Lo so che gli account sono di proprietà dell'individuo ma, da quando una persona diventa collaboratrice di un'azienda, ha il dovere di tenere un comportamento online impeccabile.

Ci sono stati colossi multinazionali che hanno rischiato di andare in bancarotta per un'affermazione fuori luogo dei propri portavoce. Sui social è facile farsi coinvolgere in discussioni accanite a sfondo politico, religioso o anche sportivo. E spesso è facile trascendere dimenticandosi che quello che scrivi è pubblico, ovvero lo leggono tutti anche se stai digitando dal tuo gabinetto. Molti ignorano inoltre che si ha piena responsabilità civile e penale anche su quello che scrivi su Facebook mentre fai la tua "seduta quotidiana".

E quindi, secondo me ma anche secondo molti altri leader, l'azienda ha il diritto e il dovere di applicare una policy all'uso dei social da parte dei collaboratori. Ovviamente questa sarà più stringente a seconda del ruolo. Per quanto sia una posizione fondamentale per l'igiene dell'azienda, a chi importa se l'addetto alle pulizie inveisce contro una squadra di calcio su Facebook. Al massimo in quel caso si interviene quando ci sono comportamenti illegali o indecenti. Se invece il magazziniere ha la passione di caricare video amatoriali su PornHub, io lo allontanerei dall'azienda senza troppo pensarci.

Chi invece ricopre ruoli pubblici o di prestigio - manager, reparto comunicazione, ufficio stampa, reparto marketing - deve avere una condotta social impeccabile.

Attenzione però, l'azienda non deve scoraggiare in alcun modo l'uso dei social! Vanno invece incentivati all'uso nella maniera corretta.

Quindi le policy non devono solo indicare "cosa non fare" ma anche "cosa è gradito fare", perché l'attività dei dipendenti su un sito come LinkedIn può fare da cassa di risonanza per tutto quello che l'azienda fa o produce.

Datti degli obiettivi di espansione

Per ogni attività che fai nella vita personale e professionale, devi darti degli obiettivi. Ora che hai finalmente deciso di lavorare su LinkedIn in maniera seria, è il momento di darti degli obiettivi di tipo numerico: delle vere e proprie statistiche che potrai controllare settimanalmente per metterti alla prova.

Quali sono le statistiche da tenere sotto controllo per capire se stai facendo un buon lavoro su LinkedIn?

Io ritengo che le più importanti siano le visite al tuo profilo, le comparse nei motori di ricerca, le visualizzazioni dei post, il numero totale di contatti nella tua rete e quello dei tuoi follower.

Il riquadro nell'immagine qui sopra si trova aprendo il tuo profilo e scorrendo verso il basso.

Cliccando sui numeri, vedi statistiche interessanti come questa:

Qui si vede che ho fatto un buon lavoro con i contenuti, infatti ho iniziato a pubblicare video con regolarità e i risultati si vedono!

Quindi le impressioni dei post vanno bene, ma sicuramente devo aumentare il numero di "Comparse nei motori di ricerca". Per farlo devo lavorare meglio sulle Parole Chiave e sugli Hashtag dei miei contenuti.

Come imposto i miei obiettivi di crescita del network?
Per quanto riguarda il tuo network di contatti, l'obiettivo può essere un numero specifico.

Per esempio:
- Aggiungo 100 o più connessioni entro il primo mese
- Aggiungo 1.000 o più connessioni entro il primo trimestre
- Supero 5.000 connessioni entro i primi dodici mesi

Si tratta di numeri che puoi raggiungere quasi in ogni caso, quale che sia il tuo settore di competenza.

Che obiettivi imposto per la crescita della portata?
Se ricordi, la portata organica del tuo profilo è data dalla quantità di persone e interazioni che raggiungi senza pagare per alcun tipo di pubblicità. LinkedIn ti fornisce dei grafici molto comodi relativamente alle visite al tuo profilo, ma non lo fa per le visualizzazioni dei post o per le comparse nei motori di ricerca.

Per tracciare al meglio le tue statistiche allora ti consiglio di creare un file esterno. Ti consiglio di usare un foglio online di Google o un file Excel o un foglio di lavoro di OpenOffice.

Trovi il mio semplicissimo modello a questo link:
https://bit.ly/FoglioStats

Ci sono alcune statistiche d'esempio! Copialo, cancella i dati inseriti e inizia a popolarlo con i tuoi.

Forza dacci dentro!

Pro Tip: scrivi i tuoi dieci obiettivi più importanti su un foglietto di carta che terrai sempre con te, meglio se nel portafogli o in una tasca della borsa. Consultalo ogni giorno e vedrai che quello che avrai scritto si avvererà!

Collegati a tutti i costi

A volte ti capiterà: le persone che provi a contattare non ti accettano e ti incagli nella ricerca di ampliare la rete. E magari ti blocchi proprio sulla persona chiave per avviare la tua relazione con un'azienda: una Direttrice del Marketing o una Responsabile del Personale.

In questo caso ti do un consiglio. Accendi l'impianto musicale più potente che hai in casa, o indossa delle ottime cuffie. Cerca su Spotify o qualsiasi app musicale o eventualmente trova su YouTube la canzone "Never Surrender" - "non arrenderti mai" del gruppo musicale heavy metal "Saxon".

E mentre ascolti questo brano ispiratore, con la potenza del rock nelle orecchie e una fiducia rinnovata, segui questi consigli!

LinkedIn non è il solo modo per entrare in contatto con delle persone. A volte basta un'e-mail e, anzi, spesso è anche più efficace perché purtroppo non tutti sono sempre attivi su LinkedIn.

Bene, ora mi risponderai: "Ma come faccio se non conosco l'indirizzo email di questa persona?"

Continua ad ascoltare la tua musica rock ispirante e non perdere la fiducia. Esistono modi veramente semplici per trovare gli indirizzi e-mail aziendali di un sacco di persone. Infatti spesso le caselle e-mail hanno una sintassi elementare. Per esempio, la più classica è nome.cognome@sito dell'azienda.

Per esempio, la mia e-mail aziendale è veramente semplice da trovare: il mio sito è tomshw.it e l'e-mail è, con grande fantasia, roberto.buonanno@tomshw.it.

Quindi il primo tentativo che puoi fare per contattare Bill Gates di Microsoft sarebbe scrivere a Bill.Gates@microsoft.com per esempio.

Se non vuoi andare a tentoni, ci sono addirittura siti e-mail specializzati nel reperimento di indirizzi di posta elettronica aziendali.

Prova per esempio https://anymailfinder.com/
Inserisci nome e cognome, siccome grazie a LinkedIn sai esattamente gli estremi di chi stai cercando.

Guarda il risultato. Mi ha beccato e verificato entrambi i miei indirizzi di posta elettronica!

Ora hai trovato l'indirizzo e-mail della persona che vuoi disperatamente contattare. Hai la tua musica rock nelle orecchie. Cosa ti resta da fare? Nientemeno che la pratica commerciale più sfidante in assoluto, definita "Cold mailing" o e-mail a freddo.

Come scrivere e-mail o InMessage a Freddo

Nel mondo dei venditori, la "chiamata a freddo" è temuta e rispettata. Si tratta della tecnica commerciale definitiva: quella che, se la padroneggi, ti permette di definirti cintura nera del tuo mestiere.

Che diavolo è una chiamata a freddo o "Cold Call" per gli anglosassoni? Si tratta di un tentativo di primo contatto con una persona che non conosci, che non hai mai sentito e che non si aspettava una tua chiamata. Chiamare a freddo in realtà comprende varie strategie e strumenti di comunicazione, non solo la classica telefonata.

Di cold call ne ricevi tutti i giorni, per esempio dai famigerati call center degli operatori telefonici. Quindi hai presente come un destinatario di cold call sia mal predisposto quando ne riceve una. Per fortuna per te, anche per questa pratica c'è una tecnica precisa.

Innanzitutto, la tecnica cambia a seconda se si tratti di un'e-mail o di una telefonata. Per ora vediamo come si struttura un messaggio di posta elettronica destinato a una persona che non ci conosce minimamente e che potrebbe anche provare fastidio per l'intrusione nella sua casella di posta.

Qui ci sono diverse tecniche, quella che consiglio io è quella di inviare un report aziendale, una checklist o qualcosa che possa essere interessante e di valore per chi riceve la mail.

La mail la mantengo molto breve e sintetica, però poi mi sbizzarrisco nella firma, dove metto il link al mio sito, scrivo chi sono, cosa faccio, numero di telefono o anche un link per prenotare una chiamata tramite servizi come Calendly o Meetfox. Se non conosci questi ultimi, ti consiglio di cercarli su Google e scoprirai servizi che, per pochi euro al mese, ti faranno risparmiare un sacco di tempo e renderanno la tua attività di organizzazione di appuntamenti, chiamate e videochiamate molto più efficiente e professionale.

Per il testo puoi usare gli stessi consigli che ti ho dato per la nota da aggiungere alle richieste di contatto su LinkedIn. 300 caratteri bastano e avanzano per la tua e-mail a freddo!

In futuro potrai usare strumenti più sofisticati, come i sistemi di tracciamento di apertura della mail o di click sugli allegati. Per ora partiamo con un testo semplice per non essere troppo invasivi.

Pro Tip: un profilo potrebbe non aggiungerti o non rispondere perché è semplicemente inattivo. Per esempio, celebrità o VIP in generale potrebbero avere un profilo su LinkedIn che nessuno controlla. In alcuni casi potrebbe essere addirittura un profilo falso; altre volte è stato creato dal team del personaggio e poi è stato abbandonato a sé stesso. Spendi un InMessage solo dopo aver verificato che il profilo sia attivo; ovvero accertati che stia pubblicando contenuti e interagendo con altre persone.

Pro Tip: scrivi e-mail usando testo semplice, senza troppi link. Alcuni sistemi di posta elettronica, in primis Google, possono identificarti come spammer se ci sono troppi link nella tua email.

Come Sfruttare i Gruppi di LinkedIn

I gruppi LinkedIn non hanno la portata e la potenza dei gruppi Facebook al momento, però sono un ottimo strumento per poter trovare persone a target.

Dovresti investire il tuo tempo in discussioni e networking all'interno di un gruppo? La mia risposta è sì, se ritieni che in quel gruppo ci siano molte persone rilevanti per i tuoi affari.

Solitamente i gruppi sono un ottimo punto di partenza per chi cerca di entrare in contatto con utenti attivi su LinkedIn. Per utenti attivi intendo quelli che si danno più da fare a pubblicare e commentare contenuti. Inoltre, i gruppi sono anche un ottimo metodo per trovare professionisti della tua nicchia o del tuo settore.

In ottica di sviluppo della piattaforma, LinkedIn ha sempre imitato Facebook. E quindi, esattamente come Facebook ha potenziato i gruppi negli ultimi anni, probabilmente anche LinkedIn farà la stessa cosa. Di conseguenza, chi dedicherà tempo ed energie a sviluppare un gruppo LinkedIn di valore per i suoi partecipanti, potrà ottenere grandi benefici nei prossimi anni.

Come si entra in un gruppo?
Basta fare una ricerca di un argomento generico, come per esempio Personal Branding oppure Online Marketing. Poi clicca su "Gruppi", appena sotto la casella di ricerca. LinkedIn elencherà gli eventuali gruppi legati alle parole chiave cercate. I gruppi sono ordinati a partire da quelli con più iscritti a quelli con meno.

Se apri un gruppo che ti sembra interessante, potrai leggerne le informazioni e consultare l'elenco di tutti gli iscritti - a partire da quelli che sono già in contatto con te.

Se il gruppo ti sembra quello giusto, clicca su "Richieste di adesione" e i fondatori e i gestori decideranno se accettarti. Fino a quel momento, non potrai vedere i post né pubblicare nulla.

Cosa faccio in un gruppo?
Le stesse cose che fai su LinkedIn da quando hai iniziato la tua attività: pubblichi contenuti interessanti e rilevanti per l'argomento del Gruppo, interagisci con i contenuti degli altri membri e, soprattutto, fai tanto networking. Inoltre hai il vantaggio che puoi mandare fino a 15 messaggi privati gratis al mese ad altri membri del tuo gruppo che non fanno parte della tua rete di contatti. Sfrutta al massimo questa possibilità!

Riassunto del Capitolo

Crea una rete di contatti prestigiosa

Concetti chiave
- La tua rubrica dei contatti è lo strumento più importante per la tua carriera e per il tuo business
- Google offre gratuitamente una serie di strumenti potenti e pratici che ti consiglio di usare da subito, se già non lo fai
- Ampliare la tua rubrica non è tutto, mettila al sicuro con uno o più backup sul tuo sistema cloud preferito
- Stabilisci la tua politica relativa a chi aggiungere e chi accettare in base ai tuoi criteri di espansione del network
- Decidi i tuoi obiettivi di sviluppo del network e crea dei momenti quotidiani e periodici - i tuoi rituali - per mettere in atto la tua strategia
- Verifica se la tua azienda ha una policy relativamente all'uso dei Social Network personali e aziendali. Se sì, è aggiornata?
- Impara a contattare le persone "a freddo".

Lista di Azioni Da Fare
- Se ancora non ce l'hai, apri il tuo account gratuito Google.
- Scrivi con la tua app preferita per le note, i tuoi ritagli preconfezionati per evitare di perdere tempo scrivendo le stesse cose un sacco di volte.
- Riguarda la sezione sui Rituali, decidi quali mettere in atto, e inserisci in agenda gli orari in cui li effettui.

- Se collabori con un'azienda, richiedi di visionare la policy social aziendale; se non esiste, contribuisci a crearla.
- Decidi quanti contatti aggiungerai a settimana e imponiti di raggiungere quell'obiettivo tutte le settimane.

Crea contenuti e condividi per farti conoscere

*"Un giorno troverò le parole giuste,
e queste saranno semplici."*
Jack Kerouac, The Dharma Bums

Come tenere il profilo attivo

Il modo migliore per attirare attenzione sul tuo profilo è di tenerlo vivo con varie attività. Abbiamo già visto alcuni esempi: puoi scrivere Referenze a persone con cui hai avuto a che fare; puoi confermare le loro Competenze; ultimo ma non meno importante, **devi postare contenuti con buona frequenza e interagire con i contenuti altrui**.

LinkedIn nel corso degli anni ha mutuato molte funzioni da altri Social Network come Facebook, YouTube e Instagram e ora le possibilità di condivisione di contenuti sono di ottimo livello. Il tuo "Feed" si trova semplicemente accedendo alla pagina iniziale di LinkedIn, ovvero cliccando sul logo in alto a sinistra da computer, oppure dalla mobile app, con un tap su Home.

Che cos'è il Feed? Si tratta di una serie di contenuti selezionati per te dall'Algoritmo di LinkedIn. Scrivo Algoritmo con l'A maiuscola perché gli esperti della piattaforma si rivolgono a esso come se fosse un'entità soprannaturale e potentissima.

Insomma, Sua Maestà l'Algoritmo ti proporrà un flusso infinito di notizie di tendenza, raccomandate per te secondo i suoi personalissimi criteri. Vedrai ovviamente anche una selezione dei contenuti pubblicati dalle persone nella tua Rete o dei profili e aziende che segui. Come accade su altri Social Network, i vari contenuti non sono elencati in mero ordine cronologico ma in un ordine "pesato" dall'Algoritmo. Sua Maestà elabora continuamente cosa potrebbe interessarti, in base al tuo settore, alle tue abitudini di lettura e navigazione sulla piattaforma, e mette in primo piano quello che ritiene più interessante per te.

Messer Algoritmo è così dinamico che, se nello stesso momento guardi il feed da un computer o da un telefono, potresti vedere un diverso elenco di contenuti. Quindi probabilmente si adegua anche allo strumento che stai usando per navigare. Per esempio quando leggi da smartphone ti potrebbe proporre gli articoli più brevi o i video, ovvero contenuti più adeguati alla fruizione su uno schermo piccolo.

Ora vediamo cosa puoi fare per attirare attenzione sul tuo profilo sfruttando un po' di funzioni social.

Condividi le tue novità e spingi sui Trend

I primi contenuti che devi pubblicare con regolarità sono le novità relative alla tua carriera e ai tuoi successi personali o aziendali.

Inoltre, dovresti pubblicare regolarmente analisi di settore e approfondimenti legati alle tue conoscenze personali.

Per esempio, durante il periodo della crisi legata alla pandemia, commercialisti e formatori aziendali hanno fatto a gara a chi pubblicava per primo guide e tutorial per gli imprenditori. I contenuti più preziosi sono proprio quelli che **sono attuali, informano in maniera autorevole e fanno risparmiare tempo e soldi**. Nell'era dei social come già sai, il consumo di informazioni è compulsivo e schizofrenico e si vuole avere tutto e in fretta. Di conseguenza - l'avrai vissuto anche tu - professionisti e imprenditori possono solo provare frustrazione di fronte all'ennesimo PDF di 200 pagine - senza figure!

Mettiamo il caso che il Governo presenti una nuova legge finanziaria o un decreto-legge. È un'occasione d'oro per pubblicare una sintesi su LinkedIn relativa a cosa cambia nel tuo settore. Devi farlo con tempismo, mantenendo al contempo la qualità del contenuto. Più è delicata la materia e maggiore deve essere la tua accuratezza. Non c'è niente di peggio per un professionista che essere colto in fallo pubblicamente per aver divulgato informazioni errate o fuorvianti.

Attenzione, puoi realizzare un ottimo contenuto anche solo condividendo il post di un altro professionista. L'importante è aggiungere "farina del tuo sacco", ovvero un paio di righe con il tuo parere sull'argomento o anche solo un apprezzamento per il lavoro fatto dal collega. Insomma **avrai un bel post gratis!**

Anche la condivisione di eventi altamente popolari può far scaturire un post. Per esempio, hai visto la cerimonia d'inaugurazione delle Olimpiadi e la commenti da grafico - marketer - organizzatore di eventi. Quindi ti puoi collegare a un evento pubblico sicuramente in trend nelle notizie del momento pur rimanendo nell'ambito della tua sfera professionale.

Pro Tip: spesso le fonti estere sono più aggiornate di quelle italiane, specialmente quando si tratta di scienza e tecnologia. Potresti seguire varie fonti autorevoli e pubblicare sul tuo profilo una breve sintesi in italiano, citando la fonte originale in maniera corretta ed etica.

Identifica il target della tua comunicazione

Prima di iniziare a scrivere, rifletti su quale sia il tuo target di comunicazione. Ovvero, **chi è la persona ideale alla quale vuoi far giungere il tuo messaggio?** È importante che tu dipinga il ritratto del o della follower ideale. Poi ovviamente ti leggeranno anche persone che ricadono in altre categorie.

Prendi spunto da questo decalogo per farti un'idea chiara di chi sia la persona che gioverà di più dai tuoi contenuti.

1. Di che sesso è? Stai puntando a maschi, femmine o entrambi?
2. Quanti anni ha? 20, 30, over 50?
3. Lavora o è senza occupazione?
4. Se lavora, che ruolo ricopre in azienda? Titolare o CEO, Marketing, Vendite, Produzione, Risorse Umane, Amministrazione, altro?
5. In che settore o settori lavora? Automotive, Agricoltura, Medicina, Digital Marketing?
6. Hobby praticati: sport, musica, shopping, altro?
7. Che livello di studi ha raggiunto? Diploma superiore, laurea triennale, master?
8. Quanto guadagna, quale è il suo reddito annuale?
9. Che bisogni ha? Quali sono i contenuti più utili per il suo ruolo aziendale e, in generale, nella comunità allargata in cui vive?
10. In che modo il tuo prodotto, servizio o brand gli o le migliora la vita?

Scorri questo decalogo ogni volta che hai dubbi su "Per chi" stai scrivendo. E cambia il target ogni volta che la tua carriera cambia o la tua attività professionale si orienta verso nuovi orizzonti.

Per esempio, in questo momento io voglio posizionarmi come esperto di Influencer e di Influencer Marketing. Ovvero, un professionista in grado di identificare potenziali talenti e far loro avviare una proficua carriera da Influencer. E allo stesso tempo, voglio essere conosciuto come un consulente che aiuta le aziende a vendere di più grazie a una collaborazione con uno o più influencer.

La mia conclusione naturale è che devo pubblicare i miei casi di successo relativi alle attività dei talenti che seguo. E poi regolarmente, devo condividere anche gratuitamente guide autorevoli all'uso dell'Influencer Marketing. Infine, in generale, devo postare consigli per chiunque voglia a sua volta diventare un business influencer.

Pro Tip: chi sono i tuoi concorrenti principali nella comunicazione a questo target?
Se hai dubbi su come e cosa scrivere per "colpire" il tuo target ideale, vai a guardare cosa fa la concorrenza! Non c'è niente di male, l'importante non è copiare ma solo... ispirarsi!

Interazioni sui post di altri

Come in ogni Social Network che si rispetti, su LinkedIn **puoi guadagnare un sacco di visibilità interagendo con i post altrui.** Questo è ancora più valido se entri nelle discussioni originate da un Guru del tuo settore.

Hai tre possibilità di interazione con i post di chi segui: Consiglia, Commenta e Condividi.

Consiglia è simile al "Mi Piace" di Facebook. Ovvero, consigliando un contenuto, rendi noto pubblicamente che quel post, foto o video ha suscitato il tuo interesse.

Il contenuto rimarrà nella tua pagina delle attività e così potrai vedere quali altre interazioni riceverà in seguito.

Ovviamente puoi anche condividere un contenuto; in tal caso creerai attivamente un post nel tuo feed al quale puoi anche aggiungere un breve testo. Il che è sempre consigliato: **condividere senza aggiungere le tue considerazioni non ha molto senso** per chi ti segue. Nell'esempio qui sotto vedi che anche sul serioso LinkedIn ci possono essere contenuti un po' più leggeri.

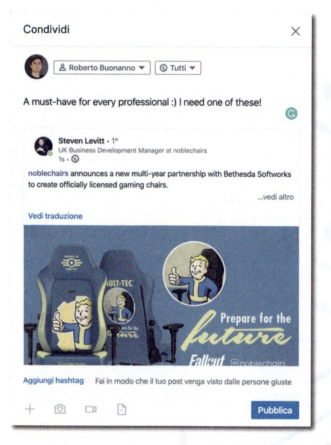

Il terzo modo per farti notare è commentare un contenuto di un'altra persona, per partecipare attivamente alla conversazione che ne è originata. I commenti sono uno strumento molto potente perché ti permettono di farti apprezzare per la tua opinione critica e per le tue competenze.

L'importante è stare attenti a non farsi prendere la mano, a non entrare in polemica e in conflitto e, in generale, a non esagerare. Ricordati sempre che tutto quello che scrivi è pubblico e ci vuole veramente poco per fare una brutta figura davanti alla tua rete. Oppure, nella peggiore delle ipotesi, per rimediare una denuncia per diffamazione!

Il Metodo Buonanno, o Metodo delle Tre "C"

Sintetizzo la mia personale ricetta per diventare influencer di successo con la formula delle tre "C". Lo chiamo Metodo Buonanno perché l'ho inventato io, almeno fino a prova contraria!

La C di Contenuto
Il contenuto è il Re indiscusso della comunicazione social. I tuoi contenuti devono essere di qualità in tutti i sensi. Devi infatti dimostrare:
- Autorevolezza e Competenza.
- Scorrevolezza e Stile.
- Ottima tecnica, che sia di scrittura o eloquenza in caso di Podcast, Video o Live Streaming per esempio.

Quando realizzi video, devi studiare la tecnica di base, fare inquadrature corrette, curare l'illuminazione, il montaggio e i titoli in maniera impeccabile.

Quando scrivi testi, devi avere una grammatica e una sintassi perfette e usare lo schema della piramide rovesciata - come leggerai nella prossima sezione; e usare con sapienza grassetti, punteggiatura e interlinee per creare contenuti scorrevoli e interessanti.

Dai tanto valore ai tuoi contenuti. Il 90% della tua produzione deve essere incentrato su **concetti utili e di vera divulgazione**. Certo, è più che lecito piazzare una frase o un link per vendere, ma devi farlo in maniera elegante e coerente con il contenuto. **Pubblica contenuti puramente pubblicitari o di vendita solo come eccezione** e, se lo fai, impostali come casi di studio - così saranno comunque interessanti per il tuo pubblico!

La C di Costanza
Senza Costanza e Continuità non andrai da nessuna parte. Un giorno potresti avere il colpo di C... Fortuna! Ma solo continuan-

do a sfornare ottimi contenuti con continuità potrai creare e mantenere il tuo successo.

Avere costanza vuol dire stabilire un piano editoriale o palinsesto e rispettarlo, cascasse il mondo. Che tu stia bene o male, al lavoro o in ferie, **non devi mai saltare la pubblicazione di un contenuto**.

Se per esempio il tuo piano editoriale prevede un video a settimana da pubblicare alle 14 di ogni sabato, non c'è catastrofe naturale o pandemia che tenga: ogni sabato a quell'ora i tuoi follower avranno il loro video.

E come fai se capitano veramente situazioni straordinarie? Fai come gli influencer professionisti del mio management. Alcuni di loro si vantano di avere pronti video per coprire le pubblicazioni di un mese. Ovvero anche se le video riprese dei loro contenuti si fermassero per incidenti o altri motivi straordinari, la programmazione dei loro social andrebbe comunque avanti per un nutrito numero di giorni.

La C di... Fortuna!

A forza di produrre contenuti di qualità e di rispettare il tuo palinsesto, prima o poi beccherai un "Virale"; ovvero uno dei tuoi articoli, post o video prenderà il volo e avrà prestazioni straordinarie rispetto a tutti gli altri. Attenzione però: non devi sederti sugli allori e goderti le statistiche! È invece proprio il momento di raddoppiare i tuoi sforzi: analizza il titolo, ogni parola del testo, gli hashtag. E insisti subito, batti il ferro fino a che è caldo: produci nuovi contenuti sullo stesso argomento, approfondisci, allarga il campo d'azione, insisti e vedrai che farai grandi risultati.

Le altre C che contano

E poi ci sono altri attributi che curiosamente cominciano tutti per la lettera C.

- Carattere
- Carisma

- Creatività
- Cattiveria
- Competenze
- Conoscenza
- Caparbietà

Insomma, se vuoi avere successo come Business Influencer su LinkedIn dovrai farti un grande C… Ma ne varrà sicuramente la pena!

Pro Tip: ti consiglio di seguire il podcast "Professione Influencer", che ho realizzato assieme al mitico coach Koan Bogiatto. In 138 puntate abbiamo condensato tutta la nostra esperienza e troverai lezioni gratuite su come creare contenuti vincenti di ogni tipo. Oltre che interviste a grandi influencer che ti daranno spunti e motivazione ulteriori! Cerca "Professione Influencer" su Spotify, Spreaker e Apple Podcast. E ovviamente iscriviti al mio canale YouTube e guarda tutti i video di formazione che pubblico!

Come scrivere Contenuti efficaci

Scrivere per il web è diverso dallo scrivere per la carta. E scrivere per i Social Network richiede stile ed espedienti ancora diversi rispetto a quelli usati per blog e riviste online.

In generale **consiglio testi brevi e ricchi d'immagini**. Scrivere un mappazzone, il cosiddetto "wall of text" o muro di testo, è la cosa peggiore che tu possa fare.

La prima cosa da fare è impostare il contenuto con il concetto della Piramide Rovesciata: ovvero, **parti dalla fine**. I tuoi follower non stanno leggendo un thriller, quindi non li devi obbligare a scorrere tre o quattro pagine per arrivare a "scoprire il colpevole". La povera Agatha Christie si rivolterà nella tomba: sui blog e sui social l'assassino lo riveli nelle prime righe del testo o addirittura nel titolo.

Ma partiamo dalle basi. Gli elementi chiave di un articolo sono Titolo, Sommario, Attacco, Corpo del Testo e hashtag.

Nel caso dei post di LinkedIn, il Titolo è la prima riga; consideriamo Sommario il paragrafo successivo al Titolo e Attacco quello appena dopo. Il Corpo del Testo è quello che segue e approfondisce i concetti.

L'obiettivo della moderna scrittura per i social è, secondo la mia filosofia, di dare il 90% dell'informazione con Titolo e Sommario e al massimo, con l'Attacco. Chi vuole approfondire, può continuare la lettura con comodo. Chi ha fretta e non vuole perdere tempo avrà una perfetta sintesi del contenuto leggendo poche righe.

Nel titolo, puoi usare due tattiche. O SCRIVERE TUTTO IN MAIUSCOLO. Oppure Scrivere con le Iniziali delle Parole in Maiuscolo - tranne eventualmente articoli e congiunzioni.

Ogni articolo DEVE integrare almeno un'immagine o una foto o, meglio ancora, un documento in PDF.

Ecco un esempio di un recente caso di successo della mia azienda di management, Tom's Network. Ho deciso di usare lo strumento più semplice, l'Aggiornamento di Stato. Si parte cliccando il logo LinkedIn in alto a sinistra per andare alla pagina del tuo feed.

In alto vedrai la schermata che riporto qui in figura. Clicca su "Avvia un post" per creare un aggiornamento di stato.

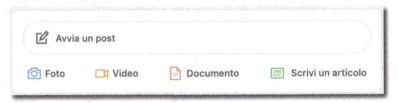

Avrai ben 1.300 caratteri a disposizione e come sempre, la prima riga deve attirare l'attenzione.

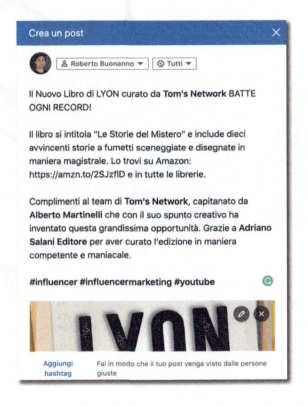

Come vedi ci sono tutti gli elementi descritti sopra e tre hashtag.

Il Titolo è un vero e proprio Strillo! Deve Attirare l'Attenzione!

Sommario e attacco danno ulteriori informazioni, e poi puoi scrivere tutti i dettagli più minuti nel corpo del testo. Io non mi sono dilungato molto per questo esempio, ho preferito puntare sull'immagine.

Se noti nell'immagine c'è l'icona della matita, che in LinkedIn vuol dire che puoi modificare o inserire informazioni aggiuntive. Suggerisco sempre di usarla per inserire un testo alternativo, essenziale per migliorare il posizionamento SEO nel motore di ricerca di LinkedIn.

Nell'esempio qui sotto come vedi sfrutto buona parte dei caratteri a disposizione per inserire ulteriori dettagli nel testo alternativo.

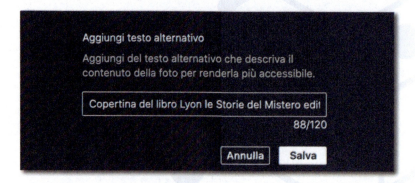

Ecco come appare il post nel feed dei tuoi follower. E come vedi, il Titolo è importantissimo, deve ispirarti a cliccare sul fatidico "…vedi altro".

Nota bene che, se il testo è compresso e limitato alle prime righe, l'immagine si vede per intero.

Come avrei potuto migliorare ulteriormente l'efficacia di questo post? Probabilmente lavorando sull'immagine, inserendo delle scritte "Acchiappa Click" sovraimpresse come per esempio "Il libro dei record!".

E per avere il massimo dell'efficienza, avrei potuto inserire un PDF con le prime pagine del libro stesso per dimostrarne la grande qualità.

Rimedierò nelle prossime pubblicazioni!

Coinvolgi con Tag, Domande e Call to Action

È uno dei modi migliori per aumentare la portata organica dei tuoi contenuti e cercare di coinvolgere i lettori e la tua rete di contatti. È una strategia che si usa fin dai primi tempi di Facebook. A un certo punto nel testo chiedi ai tuoi lettori: "E tu che ne pensi?" o "Quale è la tua opinione in merito?" o "Anche a te è capitato qualcosa del genere?" "E quali sono i tuoi obiettivi per il 2022?". Lo puoi fare con domande aperte a tutti oppure taggando direttamente una persona presente nella tua rete di contatti.

Nella figura qui sotto, partecipando a una discussione di un mio contatto sollecito un mio amico a intervenire direttamente. Funziona quasi sempre e ti aiuta a tenere alto il coinvolgimento! Per taggare basta digitare il simbolo della chiocciola "@" seguito dalle prime lettere dal nome di un tuo contatto. Per esempio se scrivi "@Paolo" LinkedIn ti elencherà tutti i Paolo della tua rete e tu potrai scegliere quello giusto con comodità.

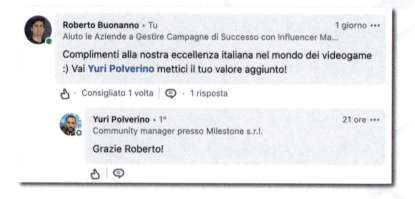

Ovviamente a forza di fare domande e di taggare persone in ogni post, rischi di risultare pedante, quindi meglio usare questa strategia con saggezza e non abusarne.

E poi mi raccomando, visto che ti stai impegnando per ottenere interazioni e commenti, fai di tutto per seguire l'andamento delle conversazioni almeno durante la prima mezz'ora e anche più tardi nel corso del primo giorno. Non solo aumenterai la rilevanza del tuo contenuto per l'algoritmo di LinkedIn, ma coinvolgerai i tuoi follower e darai loro importanza e gratificazione. Tutti infatti saranno felici di leggere una tua risposta tempestiva!

Se ti chiedi dove siano tutti i tuoi post - ed è una domanda lecita - devi cliccare sulla tua foto e selezionare "Post e attività". Vedi la Figura seguente.

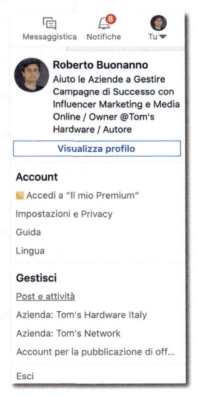

Come gestire critiche e polemiche?
La tua regola aurea è: reagisci con calma e serenità a ogni tipo di commento. Se per esempio qualcuno ti fa notare che hai fatto un

errore, ringrazia tantissimo e correggi il tuo contenuto. Nella tua carriera di Business Influencer è vietato essere permalosi e severamente proibito aggredire e insultare chiunque.

Pro Tip: rispondi a tutti i commenti, nessuno escluso! Piuttosto se non c'è molto da dire, scrivi "Grazie per il tuo commento", o semplicemente saluta!

87 Idee per creare un contenuto per LinkedIn

Sei a corto di ispirazione ma devi pubblicare il tuo contenuto del giorno? Ti consiglio questo articolo di Courtney Johnson, in inglese, che ti dà ben 87 spunti!

Ti elenco quelli che secondo me sono i top dieci; tutti gli altri li trovi qui: https://bit.ly/2SHATEx

Puoi realizzare contenuti di ogni tipo prendendo una di queste fonti d'ispirazione: articolo di testo, video, live streaming. A te la scelta!

1. **Crea una Top 10!** Come ho fatto io per questa sezione
2. **Rispondi a una domanda ricorrente** dei tuoi clienti / partner / fornitori / colleghi / concorrenti / follower
3. **Ri-pubblica il tuo post più efficace** degli ultimi sei mesi. Non devi ricondividerlo, devi pubblicarlo come se fosse nuovo di zecca!
4. **Condividi quello che hai imparato** da un libro / podcast / post di altri
5. **Commenta un trend** o una notizia importante o virale relativa al tuo settore
6. **Intervista un leader di settore** o pubblica e commenta un elenco di persone che ammiri
7. **Condividi le tue tecnologie preferite** / le tue attrezzature / il tuo sistema di gestione delle attività e di efficientamento del lavoro
8. **Condividi una pietra miliare della tua carriera** o della tua azienda o un grande caso di successo
9. **Condividi una citazione** / una ricetta / una strategia di grandi personaggi del settore
10. **Fai un quiz** o un sondaggio tra il tuo pubblico

E in generale, **Dai Valore ai tuoi Lettori!**

Ed ecco alcuni altri consigli sparsi per trovare ispirazione.

- Prendi appunti per i tuoi contenuti ogni volta che vedi qualcosa d'interessante! Tieni sempre sottomano penna e taccuino oppure usa l'app delle Note sul tuo telefono.
- Usa i preferiti del tuo browser per ricordarti pagine interessanti su cui tornare dopo - oppure usa app specializzate come Pocket.
- Segui sui Social Network le più grandi personalità del tuo settore e le testate giornalistiche di riferimento. Consiglio Twitter per questo scopo.
- Visita Google Trends per vedere gli argomenti più in voga del giorno o del momento: https://trends.google.it/
- Iscriviti a gruppi di Facebook e LinkedIn di specialisti del tuo settore.
- Guarda il tuo Feed di LinkedIn e scopri quali sono i contenuti con più interazioni tra quelli che la piattaforma ti propone.
- Guarda la pagina delle tendenze di YouTube: https://www.youtube.com/feed/trending
- Usa Google Alert: https://www.google.it/alerts e crea un alert per ogni argomento che segui e per ciascuna parola chiave legata alle tue competenze.
- Ascolta talking radio come Radio24 e tanti podcast.
- Guarda la classifica di Amazon dei saggi best seller: https://bit.ly/amzbestsell
- Consulta Google News: https://news.google.com/
- Leggi blog, siti e riviste di settore.
- Consulta siti di Proverbi e citazioni d'autore.
- Iscriviti alle migliori newsletter di settore.

In che orario è meglio pubblicare?

In quali giorni e in che orari è meglio pubblicare i tuoi contenuti? Ottima domanda!
Non ci sono regole specifiche che valgano per tutti. Fai dei tentativi e poi studia le statistiche per capire in quali momenti il tuo pubblico reagisce meglio.

Alcuni orari li puoi stimare. Per esempio, se miri a un target di persone dai 30 ai 40 anni, impiegate in aziende di marketing, puoi fare delle deduzioni. In quali momenti queste persone saranno letteralmente attaccate allo smartphone?

Per esempio, nei giorni feriali, durante gli orari di poco precedenti all'apertura degli uffici. **I momenti ideali sono spesso quelli degli spostamenti tra casa e ufficio.** Milioni di persone trascorrono parecchie ore in auto o sui mezzi pubblici e cercano sul telefono contenuti per intrattenersi e informarsi.

Un'ottima pianificazione potrebbe essere quindi, qualsiasi giorno tra il lunedì e il venerdì, tra le 7 e le 9 di mattina. E perché no, anche la sera tra le 17 e le 20.

Un altro ottimo orario è quello della pausa pranzo, tra le 12.30 e le 14.30 dei giorni feriali. Si tratta del momento durante il quale "i malati di Social Network" recuperano le notifiche ignorate nel resto della mattinata. *Anche tu pranzi con lo smartphone davanti agli occhi?*

Anche la sera dopo le 20, in certi casi, potrebbe rivelarsi un momento ideale. I professionisti sono rientrati a casa, cenano o si rinfrescano e guardano lo smartphone in cerca di intrattenimento o informazione.

E poi ci sono i teorici del fine settimana. Il mio amico Stefano Pisoni, per esempio, ama pubblicare il sabato a metà mattinata, perché sostiene che nessuno sfrutta il fine settimana per mandare online i propri contenuti e quindi i suoi sono praticamente senza concorrenti.

Quale è la scelta migliore? Non te lo posso dire per certo. Prova, fai i tuoi test e decidi quale è l'orario nel quale il tuo pubblico mette più Consiglia e commenta di più.

Dopodiché, eleggilo a tuo orario di pubblicazione per almeno un mese e vedi come va. **Non cambiare orari in continuazione**, se non darai punti di riferimento, perderai l'attenzione dei tuoi follower e anche dell'algoritmo di LinkedIn.

Il Potere dei PDF e/o dei Trend del momento

Nel momento in cui scrivevo la prima stesura di questo libro, fine 2020, LinkedIn premiava al massimo i contenuti con un PDF allegato. Non è detto che sia sempre così, per esempio per un certo periodo al centro dell'attenzione dell'algoritmo di LinkedIn erano i video; un domani potrebbero essere le dirette - o live streaming - o altre tipologie di contenuti. **Tieniti sempre al passo con i tempi** e fai tuoi esperimenti.

Intanto, siccome è ancora valido a metà 2022, sfrutta il potere dei PDF, che daranno una portata fino a tre volte superiore ai tuoi post!

E quindi, aggiungi al tuo profilo dei PDF con presentazioni, casi di successo, tutorial o guide scritte di tuo pugno. Usa questa possibilità per affermare le tue competenze e migliorare l'interesse sul tuo profilo. Per assurdo, quando scrivi un post, potresti allegare lo stesso testo del contenuto originale in formato PDF, impaginato con qualche immagine come se fosse un articolo di giornale.

Un altro strumento da tenere in considerazione sono, a pari merito, video e live streaming.

Le tue dirette però saranno veramente efficaci solo se hai un elevato livello di preparazione. Mentre preparare un PDF è un gioco da ragazzi, produrre un video o una diretta di qualità richiede un grande impegno.

Infine, ricordati che è importante sperimentare!

Come creo un PDF da allegare ai miei post?
Il modo più facile è usare "Documenti di Google", l'editor di testi gratuito disponibile a chiunque abbia un account Google. Scrivi un testo, copia e incolla qualche immagine e poi usa la funzione File -> Scarica -> Documento PDF.

Ovviamente puoi usare anche Presentazioni di Google, l'alternativa gratuita a PowerPoint. Oppure chi è più pratico, può esportare facilmente in PDF anche dalle applicazioni di Microsoft Office o da qualsiasi altra "suite" di produttività.

Pro Tip: richiedi subito l'attivazione delle nuove funzionalità in beta. LinkedIn le introduce in maniera progressiva, in modo da poter fare dei test su un numero ristretto di utenti prima dell'uso su tutti. È successo per esempio con le live streaming e succederà in futuro. Non rimanere indietro!

Come prepararti per Registrare Video o andare Live

Hai deciso di cimentarti nella registrazione di un video o, addirittura, vuoi trasmettere una live streaming su LinkedIn? Ottima scelta!

Su questo tema ho realizzato decine di ore di corsi di altissimo livello che trovi sul mio sito www.robertobuonanno.com.

Non posso dilungarmi troppo in questo testo, che ha altri obiettivi. Quindi ti fornisco alcuni trucchi essenziali per fare bella figura.

Ci sono regole ferree per prepararsi a una sessione di foto o alle riprese del tuo nuovo video o a una qualsiasi comparsa in live. Queste regole valgono da quando esiste la vecchia televisione e sono ancora validissime, quindi rispettale e senza fiatare. Ne va della tua reputazione e del tuo successo.

Quando affronto questi temi, prendo sempre come riferimento i suggerimenti dell'amico e presentatore Roberto Rasia dal Polo.

Lavati i denti. "E cosa c'entra se devo registrare un VLOG da solo"? Tu lavateli e basta e già che ci sei, se ancora non ce l'hai come abitudine, ricorda che devi curare la tua igiene orale almeno tre volte al giorno.

Capelli lavati e ben pettinati. Quale che sia la tua pettinatura, guai a te se vai su YouTube o in live su Facebook con i capelli unti e buttati sulla faccia come se fossero spaghetti cinesi scotti.

Per i maschietti: **barba ben curata o rasatura perfetta.** Devi avere il viso sempre in ordine, ne va della tua reputazione. Se come personaggio sei un bad boy con la barba di tre giorni effetto trasandato, quell'effetto trasandato devi riprodurlo alla perfezione in ogni video!

Per le femminucce: **decidi se e come truccarti**, identifica un tuo stile e dedicati al make-up prima di ogni video. Il tuo stile è "acqua e sapone"? Bene, non pensare di risparmiare tempo, anche per quello devi essere pulita, ben curata e usare ogni giorno prodotti per la cura della pelle di massima qualità.

Studia l'ambiente delle riprese. Una volta che avrai curato l'aspetto, è il momento di identificare il posto giusto per video o Live.

Se sei in camera o in studio, metti tutto in ordine. Guarda l'inquadratura e fai in modo che tutto quello che si vede sia esattamente come lo vorresti. Attenzione a specchi o altre superfici riflettenti. Ci sono parecchi casi imbarazzanti di influencer che hanno distrattamente pubblicato foto o video nelle quali uno specchio mostrava parti intime oppure ospiti che non si dovevano vedere.

Cura la luce. Se non sei in studio ma lavori in esterna, cerca di impegnarti il più possibile per avere una buona illuminazione. Quella di casa solitamente non è mai sufficiente, in tal caso consiglio kit di luci economici ma efficienti in questa mia pagina su Amazon: https://www.amazon.it/shop/keledan75

Cura l'audio in maniera maniacale. Non ci pensano in tanti, ma l'audio è la caratteristica più importante dei video di personal branding e, in generale, di qualsiasi contenuto live o registrato dove comunichi parlando. Se usi un computer e non ce l'hai, compra un microfono di ottimo livello.

Se usi lo smartphone, assicurati di avere un modello recente con un ottimo microfono, come per esempio tutti gli iPhone a partire dal modello X.

Fai prima delle prove! Prima di passare alla registrazione vera e propria, fai una o più prove video e audio di pochi secondi; riguarda e ascolta con attenzione e solo quando ti convincono inizia a fare sul serio.

Crea la tua lista di controllo. Sarebbe ideale che tu avessi una check list con una serie di controlli da spuntare prima di attivare la luce rossa della registrazione o della diretta. Non c'è niente di peggio che buttare ore di lavoro perché hai registrato tutte le clip di una sessione senza audio, tanto per citare uno dei problemi più comuni.

Se vuoi ancora più trucchi e consigli su come realizzare video e live streaming professionali con una spesa minima, ti consiglio la lettura dell'intervista a Manabe Repici che trovi in appendice. Manabe è uno specialista riconosciuto e ha collaborato con decine di grandi aziende nella realizzazione di contenuti video professionali per promuovere i loro business.

Per finire eccoti alcuni link utili

- La mia pagina su Amazon con tutte le attrezzature che consiglio per foto, video e live streaming, divise in base alla tua possibilità di spesa:

- La homepage della mia scuola di formazione per aspiranti influencer, con tutti i corsi dedicati anche a chi non ha mai registrato un singolo video:

La sfida dei 30 giorni di Fuoco

Vuoi metterti veramente alla prova e vuoi vedere se riesci a fare "il botto" su LinkedIn? Pubblica un contenuto al giorno, tutti i giorni alla stessa ora, per 30 giorni.

Porta a termine il tuo mese di fuoco, seguendo i consigli delle pagine precedenti, calibrando il tuo messaggio, analizzando le statistiche e andando sempre più incontro ai bisogni del tuo pubblico.

Con un'attività di pubblicazione così massiccia, potresti anche smettere di mandare richieste di collegamento. Se hai impostato bene il tuo piano editoriale, **riceverai un sacco di richieste spontanee** che dovrai solo filtrare e gestire in base alle tue esigenze.

Se vuoi alzare ulteriormente il livello, pubblica un contenuto video al giorno. E se vuoi proprio osare al massimo, questo potrebbe essere una live streaming quotidiana di almeno trenta minuti. Marco Montemagno è diventato super popolare con questa tecnica: prima un video al giorno e poi una live streaming al giorno.

E mi raccomando, non arrenderti di fronte a risultati scoraggianti. Continua, insisti e soprattutto all'inizio devi resistere alla tentazione di mollare. E poi contattami per raccontarmi com'è andata!

So che sembra uno sforzo titanico ma pensa alle opportunità che potrai creare.

Come insegna uno dei miei mentori, il coach Koan Bogiatto, se trenta giorni ti sembrano tanti prova il sistema 1-3-5-7-10.

Ovvero, inizia impegnandoti a pubblicare contenuti per un solo giorno. Che sforzo vuoi che sia realizzare un video o scrivere un articolo per un solo giorno?

Benissimo. Appena l'avrai fatto, datti un nuovo obiettivo: arriva a tre contenuti consecutivi in tre giorni; e poi punta a 5, a 7 e a 10. E vedrai che dall'undicesimo giorno non ti porrai neppure il quesito se continuare o meno: per te creare un contenuto al giorno sarà ormai un'abitudine.

Non sai come trovare il tempo? Gestisci la tua agenda quotidiana con la tecnica del time blocking, di cui ti anticipo un concetto. Se intendi realizzare un contenuto al giorno, mettiti da subito in calendario un'ora dedicata a questa attività. E, cascasse il mondo, non devi saltare mai la tua programmazione. Guarda il mio calendario per esempio. Ogni mattina il mio primo impegno è di vedermi in video chiamata con i miei colleghi, salutarci, e poi tutti lavoriamo per un'ora alla scrittura dei nostri libri.

Dici che anche volendo, nella tua agenda non c'è spazio per un'ora al giorno da dedicare alla tua attività? Perfetto, allora poniti una domanda.
"Vuoi diventare una personalità di spicco nel tuo settore?"
Se la risposta è sì, ti do un consiglio: cambia le tue priorità.

Ok hai controllato ancora, non perdi nemmeno un minuto sui social, non guardi film, la TV è sempre spenta e comunque ogni minuto del tuo tempo è impegnato per la famiglia, gli spostamenti e il lavoro.
Potresti in effetti avere un lavoro subordinato e quindi non poter disporre del tuo tempo durante gli orari "lavorativi". E allora come fare? **Semplice, svegliati un'ora prima!**

Se ti sembra troppo difficile, poniti un'altra domanda: *"**sacrificheresti un'ora di sonno per dare una svolta alla tua carriera professionale o al tuo business?**"*. Spero che la risposta sia un grande sì!

Del resto hai visto a che ora scrivo ogni mattina? C'è un motivo. Per me si tratta dell'attività più importante di "Quadrante 2" e quindi la eseguo prima di ogni altra cosa, in un momento durante il quale non ho nessuno che mi disturba e che mi interrompe. Non sai cosa diavolo sia un quadrante 2? No Problem, te lo spiego più avanti nel libro.

Lo sai perfettamente? Allora mettiti subito al lavoro sui tuoi contenuti!

Nota bene: in realtà inizio a lavorare tra le 5 e le 5.30 ogni giorno - sabato e domenica inclusi. Se vuoi sapere come faccio, leggi la sezione sul "Sonno Polifasico" più avanti!

Crea un esercito di seguaci

A un certo punto della tua carriera di Business Influencer su LinkedIn potresti voler cambiare la tua strategia. Magari hai deciso che hai ampliato il tuo network a sufficienza oppure - meno probabile ma possibile - hai sforato il limite dei trentamila collegamenti! Se vuoi diventare Influencer però non devi porre limiti al numero di persone che seguono i tuoi contenuti. E quindi potresti decidere che è il momento di proporre sul tuo profilo il bottone Segui al posto di quello Collegati.

Per farlo devi andare alla pagina Impostazioni e privacy, che raggiungi cliccando sull'icona con la tua foto e scritto Io.

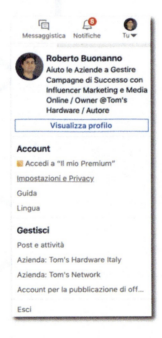

Da qui cerca la sezione Visibilità -> Visibilità della tua attività su LinkedIn -> Follower. Imposta "Segui" come azione principale suggerita a chi visita il tuo profilo.

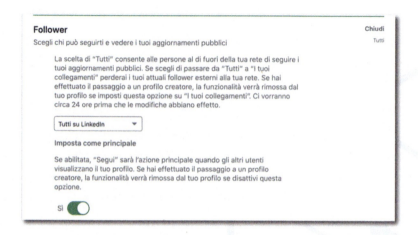

Questa impostazione è opportuna per luminari, superstar o in generale personaggi di altissimo livello e dalla notorietà palese. Mi dà fastidio quando lo fa il "markettaro" da due soldi.

Insomma, se lo fa Bill Gates lo capisco.

Nota che in ogni caso, puoi comunque mandare una richiesta di connessione anche a chi ha impostato Segui come azione principale. Ti basta cliccare su Altro per trovare l'opzione.

Ti farò sapere se Bill Gates accetterà la mia richiesta :)

Ora sai come impostare il tasto Segui - o Follow in inglese. Ti consiglio di usarlo quando avrai affermato il tuo Personal Branding a tal punto che non saprai più come gestire le tue connessioni!

E se nonostante tutto non ce la fai?

Che devi fare se, nonostante tu abbia messo in pratica tutti i suggerimenti letti finora in questo libro, il tuo profilo non decolla?
Se hai affrontato e vinto la tua sfida dei 30 giorni e hai pubblicato un articolo al mese, dovresti vedere almeno un minimo di differenza.

Guarda il mio caso per esempio: venivo da un periodo di zero pubblicazioni su LinkedIn. E la mia situazione era questa.

Ecco come è cambiata dopo aver pubblicato due post. Le visite al profilo, che sono quasi sempre il dato più importante, sono parecchio aumentate!

E come vedi nella prossima figura, c'è una differenza abissale nel numero quotidiano di visite al mio profilo. Se confronti i numeri di visite quotidiane da metà febbraio al 9 aprile - periodo nel quale non ho pubblicato contenuti - a quelli del periodo successivo all'esecuzione di una minima strategia editoriale, puoi giudicare i risultati da te.

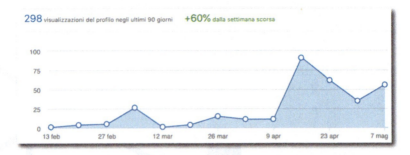

E guarda cosa è successo dopo qualche altra pubblicazione sporadica. Ed era solo l'inizio!

Hai avuto risultati simili o comparabili? Se no…

Forse hai bisogno di un aiuto da parte di professionisti del settore!

Potresti frequentare uno dei tanti gruppi su Facebook o sullo stesso LinkedIn dove gli appassionati di personal branding si confrontano sulle migliori strategie da usare.

Oppure, in ultima istanza, puoi scegliere una scorciatoia: rivolgiti a un'agenzia o a dei professionisti di tua scelta. Io ovviamente ti consiglio la mia realtà, in-Sane! Academy che puoi contattare tramite la pagina www.robertobuonanno.com.

Ebbene sì, ti sto dicendo di spendere del denaro! In questi casi cito sempre il mio amico e socio Manabe Repici. "**Il tempo è una risorsa finita, il denaro è una risorsa virtualmente infinita**". Insomma, le tue giornate dureranno sempre 24 ore e la tua vita sarà composta da un numero finito di queste giornate. Se non vuoi fare "la gavetta", ovvero imparare una nuova abilità impegnandoci un sacco di tempo, puoi optare per la scorciatoia: sfrutta il lavoro e le conoscenze di un professionista del settore.

E nota bene, esistono anche aziende che possono realizzare per intero la tua presenza sui social: dall'apertura del profilo alla redazione e pubblicazione di ogni singolo post.

Ma ti consiglio di provare prima a formarti - con libri come questo, corsi o consulenze professionali - e a riuscire a sfondare con i tuoi mezzi.

Riassunto del Capitolo

> **Crea contenuti e condividi per farti conoscere**
>
> *Concetti chiave:*
> - Per tenere il tuo profilo attivo e per iniziare il percorso per diventare Business Influencer, devi pubblicare contenuti con continuità.
> - Se applicherai il Metodo Buonanno, o Metodo delle 3 C, raggiungerai sicuramente ottimi risultati nell'espansione della portata organica del tuo profilo e del tuo Personal Branding in generale.
> - Se non sai cosa pubblicare, rileggi le sezioni con i consigli, non è possibile che non ti venga in mente qualcosa!
> - Se vuoi la massima portata, devi pubblicare regolarmente PDF, video o fare live streaming.
> - Anche su LinkedIn ci sono i follower e sono molto importanti, lavora alacremente per avere un grande seguito!
> - Se proprio non riesci oppure se non hai tempo perché lavori troppo, non c'è niente di male nel rivolgersi a dei professionisti per curare il tuo Personal Branding. In ogni caso dovrai conoscere la materia, altrimenti non sarai nemmeno in grado di capire se le persone alle quali ti rivolgi sono all'altezza del compito.
>
> *Lista di Azioni Da Fare*
> - Segna in agenda degli "slot" di tempo riservati esclusivamente a realizzare contenuti per i tuoi profili social.
> - Identifica il pubblico ideale per le tue pubblicazioni.

- ❀ Hai sempre con te un telefono, giusto? Ogni volta sei in presenza di qualcosa che potrebbe essere interessante, scatta una foto. Convegni, persone influenti del tuo settore, ambienti od oggetti legati alla tua professione.
- ❀ Segui le persone più influenti del tuo settore e partecipa alle loro discussioni; fatti notare.
- ❀ Studia i migliori orari in base al tuo target di pubblico.
- ❀ Crea il primo file PDF a partire da un tuo scritto e pubblicalo sul tuo profilo Linkedin!
- ❀ Continua a registrare l'andamento della portata del tuo profilo con un foglio di calcolo o come preferisci.
- ❀ Metti in agenda il tuo Mese di Fuoco nel quale pubblicherai un contenuto al giorno, tutti i giorni, alla stessa ora.

Trova Lavoro con LinkedIn

*"Non cercare di diventare una persona di successo,
ma piuttosto cerca di diventare
una persona di valore."*
Albert Einstein

Le skill più richieste su LinkedIn

Hai raffinato il tuo profilo che ora è perfetto, sia dal punto di vista grafico che dei contenuti. Hai disseminato LinkedIn di contenuti e condivisioni. Stai cercando lavoro? Ora è il momento di fare sul serio.

Eccoti gli elenchi delle skill più richieste al momento su LinkedIn.

Il tuo compito sarà ovviamente quello di evidenziare quelle in cui ti senti forte sul tuo profilo nella sezione delle tue "Competenze" e poi fartele confermare da più persone possibile.

La fonte è ufficialissima. Ho tratto questa immagine direttamente da LinkedIn Learning, l'articolo originale è qui: http://bit.ly/topSkills2020

E nonostante sia un'infografica del 2020 ho verificato e si tratta ancora delle abilità più ricercate al mondo.

Le 5 Soft Skills più cercate sono le seguenti. Le prime 4 erano nelle stesse primissime posizioni anche nel 2019; la quinta è una new entry che perdura anche nel 2022!

1. Creatività, ovvero la capacità di "unire i puntini" per inventare sempre nuove idee o soluzioni.
2. Persuasione, ovvero saper "vendere" le proprie idee al prossimo.
3. Collaborazione, saper lavorare in team in maniera efficiente per raggiungere un obiettivo comune.
4. Adattabilità, saper reagire a un ambiente in continuo cambiamento. Nel lavoro moderno raramente dopo un anno ti trovi a fare le stesse mansioni dei tuoi primi mesi in azienda!
5. Intelligenza Emotiva. In un'epoca di frenesia e appiattimento delle relazioni sociali, saper gestire le proprie emozioni e saper comprendere e valutare quelle altrui diventa un must.

Ti lascio giudicare da te le 10 Hard Skills più ricercate. Voglio sottolineare che le Sales o vendite - che per me sono una Soft Skill ma fa niente - sono una garanzia di lavoro da migliaia di anni a questa parte. **I buoni commerciali sono merce rara**, se ti specializzerai in quello che per me è il lavoro più bello del mondo avrai una carriera assicurata! Video Production nel 2022 è diventata "Video Marketing", ovvero come far vendere servizi e prodotti con i video. E non solo come fare video belli ma che magari non portano vendite!

Fai un'ottima prima impressione prima del colloquio

Nel complesso processo di ricerca di un posto di lavoro, il fattore più importante è la prima impressione. E questa, al giorno d'oggi, non la fai al primo incontro o al colloquio ma ben prima. I reclutatori professionisti, detti "head hunter", infatti oggi ti conoscono ancora prima di averti visto o contattato.

Come fanno? L'avrai già intuito: i reclutatori **spulciano tutti i tuoi profili social** e verificano le tue competenze e il tuo network di contatti. E poi guardano cosa fai e come lo fai. Ecco perché ti sconsiglio di pubblicare le foto di quella festa in cui hai preso una sbronza assieme agli amici ed eri in condizioni pietose.

Se hai seguito tutte le mie istruzioni sul personal branding, avrai impostato avvisi Google legati al tuo nome e ripulito la tua immagine su ogni Social Network.

Perfetto, hai impostato le basi per fare una buona prima impressione!

La prima skill che i reclutatori noteranno è che hai una buona gestione del tuo Personal Branding e che quindi potresti essere in grado anche di gestire quello aziendale o, in ogni caso, di aderire con facilità alle policy aziendali a riguardo della gestione dei profili personali.

Le altre skill in primo piano si deducono dai contenuti che pubblichi o condividi. Se la tua linea editoriale si basa su post che affermano le soft skills più ricercate e una o due competenze professionali, sei a cavallo!

Poi, **gli head hunter studieranno la tua rete di contatti e le tue interazioni**. Se hai seguito le mie istruzioni, potranno solo dedurre che conosci o segui tutti quelli che contano nel settore!

Infine, guarderanno ogni dettaglio del tuo Profilo LinkedIn, le Informazioni, le Competenze, le Referenze. E troveranno una situazione impeccabile.

Quindi se hai seguito le istruzioni viste finora, hai già superato con successo il tuo primo vero colloquio: quello invisibile e intangibile, che avviene online tra il tuo personal branding e i reclutatori. Nella prossima sezione vediamo quali sono gli indicatori di social proof, o riprova sociale, che i reclutatori terranno in conto analizzando il tuo profilo.

Indicatori di Social Proof

Ho trovato questa interessante check-list sul libro "How to build relationships and get job offers using LinkedIn", ovvero come costruire relazioni e ottenere offerte di lavoro usando LinkedIn. Lo cito espressamente perché, come suggerisco anche a te nel capitolo sui contenuti, citando le fonti rispetti la legge, sei una brava persona e fai capire che ti informi e studi la tua materia. E come aggiungeva con una battuta il mitico formatore Zig Ziglar, se hai citato le fonti e capita che quello che riporti è sbagliato "beh prendetevela con l'autore originale, non è mica farina del mio sacco!".

Se hai ampliato la tua rete di contatti e hai creato contenuti interessanti, utili e autorevoli, la tua riprova sociale è elevata e **farai sicuramente colpo su chi visita il tuo profilo**, in primis reclutatori aziendali, head hunter o chi cerca business partner.

Ecco, secondo l'autore del libro citato, Robbie Abed, la lista degli indicatori di riprova sociale che chi ti visita terrà in conto per capire se sei la persona che fa al caso suo.

1. Hai più di 500 collegamenti.
2. Tutti gli aggiornamenti di stato hanno un coinvolgimento elevato.
3. I contenuti che pubblichi hanno un sacco di Consiglia e Commenti.
4. I contenuti dimostrano elevata competenza sul tema trattato.
5. Molti dei tuoi contatti partecipano alle discussioni.
6. Hai tante Referenze positive da colleghi precedenti e attuali.

7. Le tue pubblicazioni o i tuoi contenuti sono apparsi in testate o media online di settore al di fuori di LinkedIn.
8. Hai lavorato o lavori per un'azienda prestigiosa.

E io aggiungo altri punti legati alla mia specifica esperienza, che ovviamente è molto orientata all'Influencer Marketing e alla mia idea specifica di Personal Branding. Ovvero, a mio parere se hai seguito le istruzioni riportate in questo libro e le hai applicate, ecco cosa dedurranno i tuoi visitatori:

- Conosci le tecniche di scrittura per il web.
- Conosci i meccanismi principali dei Social Network: ottenere portata organica, impostare una strategia contenuti, gestire la reputazione online.
- Hai una buona presenza in video e in live streaming e non hai timore di usare questi strumenti.
- Probabilmente, sai usare strumenti per realizzare e montare video. Una delle 10 hard skills più cercate nel 2022 e per molti anni a seguire!
- Ti formi attivamente seguendo profili e gruppi specializzati nel tuo o nei tuoi settori di competenza.
- Hai buone competenze tecnologiche: sai usare smartphone e computer per lavorare al Personal Branding o al branding di un'azienda.
- Sai creare e gestire una rete di contatti, e quindi di potenziali clienti, fornitori o partner commerciali.
- Non fai scenate sui social e mantieni sempre un atteggiamento pacato, competente e sobrio.

Insomma, hai visto quanti fatti si possono dedurre dal tuo profilo e dalle tue attività online? Ovviamente, sempre a patto che tu abbia studiato con attenzione i contenuti di questo libro e di altre fonti di formazione… e che li abbia messi in pratica!

Metti i tuoi lavori in vista

Insomma finora hai fatto sfoggio di tutte le tue competenze, senza falsa modestia o pudore.

Attenzione però che quello che hai scritto corrisponda a verità! E non solo: bada bene che la tua immagine o i numeri dei tuoi profili social personali riflettano quello che vanti.

Infatti, se nel curriculum oppure su LinkedIn vanti di essere il o la guru nello sviluppo dei Social Network, io controllo subito come vanno i tuoi profili sociali personali. Eh sì, perché quella è una chiara indicazione del fatto che tu sappia fare il tuo lavoro.

Ci sono ovviamente delle eccezioni. Io per esempio ho lavorato alla crescita di Youtuber da poche migliaia di iscritti fino a qualche milione e non ho nemmeno centomila iscritti sul mio canale personale; anche su Instagram galleggio attorno ai 16 mila follower da mesi. Insomma, se fossi un reclutatore, mi auto discriminerei!

Ecco un elenco di situazioni capitate veramente a me, come reclutatore.

Candidato programmatore: "Sono un programmatore specializzato nei linguaggi del web".

Roberto: "Ok, fammi vedere un po' di applicazioni web che hai sviluppato per interesse personale".

Candidato: "Uhm, oh, veramente non ho niente."

Roberto: "Avanti il prossimo."

Candidata redattrice, ovvero scrittrice di contenuti per i miei siti: "Sono portata per la scrittura, posso essere una perfetta redattrice o caporedattrice dei tuoi giornali".

Roberto: "Ne sono lieto. Quanti libri hai scritto?"

Candidata: "Uhm, oh, veramente nessuno."

Roberto: "Ok, mi fai vedere il tuo blog personale? O una guida o un tutorial che hai redatto sull'arte della scrittura?"
Candidata: "Cosa?"
Roberto: "Avanti la prossima!"

Candidata amministrativa: "Sono appassionata di contabilità e ho tenuto i conti della ditta di mio papà!"
Roberto: "Ah sono contento, come va l'azienda di famiglia?"
Candidata: "È fallita, ecco perché cerco lavoro."
Roberto: "Per oggi è tutto, grazie!"

Insomma **se appartieni al gruppo dei creativi, sviluppatori e progettisti devi per forza avere un progetto personale**. Ovviamente è un mio parere soggettivo e non legato a ricerche di mercato.

Inoltre, devi parlare e agire come ci si aspetterebbe dal tuo ruolo professionale o dalle competenze che vanti. Accetteresti consigli di moda da uno stilista che si presenta trasandato e con vestiti male accompagnati e lisi? Daresti le chiavi di casa tua a un arredatore che vive in un tugurio? **Ti affideresti ai consigli per dimagrire di una dietologa iper-obesa?** Affideresti i tuoi investimenti a un esperto di finanza che arriva all'appuntamento con te con una Panda scassata?

E tu come ti presenti, come impersoni il tuo ruolo professionale? Guardati allo specchio. Daresti un lavoro o affideresti il tuo denaro a chi vedi riflesso?

Vai direttamente dal Decision Maker

Un modo efficace di farti notare e di farti assumere è entrare in contatto direttamente con il responsabile del personale o delle assunzioni di un'azienda. Oppure potresti metterti in mostra con il diretto interessato, ovvero la persona che sarà il tuo prossimo capo. Non me ne vogliano gli head hunter, ma quello che conta per te è sfruttare tutto quello che hai imparato con questo libro. Hai lavorato bene sul tuo profilo, hai creato il tuo personal branding e l'hai promosso. Su LinkedIn ed eventualmente su altri Social Network ci sono le prove dei tuoi successi, delle tue esperienze e delle tue competenze.

Quindi come potresti fare quando vedi una posizione interessante? Per esempio, ecco l'ultima e-mail che ho ricevuto da LinkedIn riguardo a posizioni aperte che potrebbero fare al caso mio.

Qui sotto vedi come appare la classica candidatura su LinkedIn. Il primo dato interessante è che la schermata ti dice in quanti hanno già compilato la richiesta di dimostrazione d'interesse. LinkedIn ti fa capire chiaramente che è importante essere tra i primi.

Mettiamo che questo lavoro mi interessi. Ho due strade, e compilare il modulo è semplice. Clicchi su "Candidati" e si aprirà un form interno a LinkedIn oppure esterno. Per esempio, Amazon ha la sua piattaforma personale quindi passiamo ad un altro caso.

Vediamo se avrò più fortuna come Senior Brand Manager di Sperlari, mi andava qualcosa di dolce!

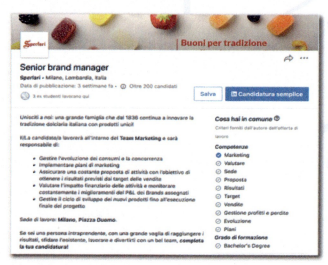

Come vedi nell'inserzione ci sono tutti i dettagli e le competenze richieste. Queste ultime fanno affidamento su quello che tu hai specificato sul profilo, quindi vedi quanto è importante lavorare sulle tue competenze primarie e fartele poi confermare?

Ed ecco il modulo da compilare, con santa pazienza. Io sono già escluso a prescindere, non ho mai completato nemmeno il triennio all'università! Per me è stata una fortuna perché poi ho intrapreso la carriera imprenditoriale, per l'azienda in questione invece è una mancanza. Io mi consolo pensando che imprenditori tra i più ricchi e affermati al mondo non hanno mai finito a loro volta l'università. Parlo di personaggi del calibro di Bill Gates di Microsoft e Larry Allison di Oracle, per citarne un paio.

Ok, ora metto da parte per un attimo le mie fisime sull'importanza della laurea e dei titoli di studio in generale. Immaginiamo che questo lavoro t'interessi ma non hai il "pezzo di carta" richiesto. Che fai, ti arrendi? Certo che no!

Il tuo profilo è perfetto e quindi è il caso di farti notare direttamente da qualcuno dell'ufficio del personale, e magari anche dalla Direttrice Marketing, cioè la tua futura boss. Verifica di avere i giusti contenuti sul tuo profilo e che magari l'ultimo sia un articolo o un video con una buona portata. Poi contatta le persone usando i sistemi che abbiamo studiato nei capitoli precedenti.

E se ho il titolo di studio richiesto? Fai lo stesso una ricerca dei dipendenti dell'azienda alla quale stai mandando il modulo, e solo dopo che ti sarai collegato e avrai magari interagito con loro, compila anche il modulo.

Torniamo al punto precedente. Provi a collegarti e ci riesci. Ora che fai? Se una persona dell'ufficio Risorse Umane o del marketing ti ha aggiunto è perché ti trova interessante o magari perché aggiunge tutti a caso - capita anche questo!
Ora è il momento di mandare un messaggio molto educato, del tipo: "Grazie per aver accettato la mia richiesta di connessione, sono un super fan della vostra azienda, ho appena comprato gli ultimi prodotti e li ho suggeriti agli amici. Ho visto che state cercando lavoro e mi voglio candidare, sarebbe un sogno lavorare con voi".

Se non hai il titolo di studio o altri requisiti richiesti, scrivilo chiaramente: "Non ho alcuni dei requisiti richiesti dal form ma credo di avere le competenze e le capacità richieste. Se quanto vede sul mio profilo qui su LinkedIn le sembra interessante, posso chiedere di valutarmi e inserirmi comunque nel processo di selezione? Non mi va di inserire informazioni false nel vostro modulo per rispetto della vostra attività".

Se hai il titolo, scrivi un messaggio molto cordiale: "Spero di incontrarci presto dal vivo, nel frattempo le andrebbe di guardare i contenuti che pubblico sul mio profilo, ed eventualmente fissare una chiamata per conoscerci e scambiare due opinioni sullo scenario attuale del mercato?"

Insomma, come sempre, come si dice a Milano e dintorni, "la devi contare su" e attaccare bottone. Parti sempre da una lode, che deve essere sincera e non una sviolinata ipocrita e poi cerca in ogni modo di organizzare una telefonata o, se possibile, un incontro dal vivo.

E se non riesci a contattare il responsabile di quella specifica posizione lavorativa, ovvero chi prenderà la decisione finale sull'assunzione?
In questo caso manda richieste di connessione a tappeto alle persone dello stesso reparto. Non ce la fai nemmeno con loro? Contatta chiunque nell'azienda ti sia possibile, fin tanto che ovviamente sia entro il terzo grado di connessione. Non hai nessuna persona dell'azienda entro il terzo grado di connessione? Ok, è finalmente arrivato il momento di investire in un mese di piano Premium e sfruttare uno dei tuoi crediti per mandare i messaggi InMail. Oppure potresti chiamare il centralino fino a che non ti passano qualcuno o addirittura fare la posta alle persone con cui vuoi entrare in contatto nei bar intorno alla sede aziendale.
Ma torniamo a noi!

Abbiamo visto cosa puoi scrivere al decision maker. Se invece hai contattato un qualsiasi altro collaboratore dell'azienda, hai due opzioni a seconda che tu abbia o meno confidenza con questa persona.

Opzione 1, la conosci bene o benino o comunque ci hai chiacchierato in passato.
"Ciao Livia, come stai? Hai poi realizzato il tuo sogno di fare un tour del Giappone?
Volevo chiederti un'informazione su Giorgia (nome del o della responsabile del reparto specifico che assume). Ho visto che sta

cercando nuovi collaboratori e mi piacerebbe parlarle prima di compilare il modulo.

Mi ci metti in contatto? A proposito, hai qualche consiglio da condividere su come relazionarmi con lei?"

Opzione 2, è una connessione di primo livello ma non ci hai mai veramente parlato.

"Caro Nicola, ho appena letto il tuo ultimo post sui trend del mercato calzaturiero, mi è stato molto utile, complimenti!

Senti approfitto per chiederti se conosci… e concludi esattamente come nel messaggio qui sopra!"

Ovviamente, in precedenza avrai consigliato, condiviso e commentato l'ultima attività di Nicola, così sarà ancora più ben disposto nei tuoi confronti.

Riassunto del Capitolo

Trova lavoro su Linkedin

Concetti chiave
- Formati! Scopri quali sono le skill più richieste nel tuo settore e studia, metti in pratica e migliora continuamente, ogni giorno.
- Non hai una seconda chance di fare un'ottima prima impressione.
- I reclutatori aziendali e gli Head Hunter studieranno ogni virgola dei tuoi profili social, curali con estrema attenzione soprattutto quando ti presenti sul mercato del lavoro.
- Offri un'immagine coerente di te. Non candidarti come Social Media Manager se hai 3 follower su Instagram.

Lista di Azioni Da Fare
- Riguarda tutti i capitoli precedenti e assicurati di aver messo in atto TUTTE le pratiche riassunte nelle schede finali.
- Leggi le interviste ai miei esperti e mentori nel capitolo Bonus e fai tesoro dei loro consigli.

Trucchi e Consigli per il tuo Account

"Se lavori sarai premiato. Non ci sono scorciatoie nella vita."

MICHAEL JORDAN

Servizi di pianificazione dei Contenuti

Se ti hanno parlato di strumenti tecnici per estendere in maniera quasi magica la tua rete di contatti di LinkedIn, vacci con i piedi di piombo. Infatti nel corso del tempo, come per ogni social, sono nati tanti servizi esterni che si collegano al tuo account per semplificare e automatizzare alcune procedure.

I servizi di pianificazione dei contenuti
Questa categoria di servizi si collega in maniera completamente lecita al tuo account e ti aiuta a pianificare un vero e proprio palinsesto di contenuti per il tuo profilo LinkedIn. Grazie a strumenti come HootSuite o Buffer, per esempio, puoi dedicarti alla gestione del calendario di pubblicazione di tutti i tuoi profili social network da una sola schermata.

Inoltre dal sito di HootSuite puoi vedere il tuo feed dei contenuti, interagire nei post altrui, mettere Mi Piace o Consiglia, rispondere ai commenti e ai messaggi privati che hai ricevuto. È veramente comodissimo!

Infine, come ho scritto nel capitolo dedicato a Produttività e Crescita Personale, andare a controllare in continuazione qualsiasi social network - incluso LinkedIn - può essere deleterio. Grazie a HootSuite, Buffer o altri servizi simili puoi interagire con altri post e pubblicare i tuoi senza nemmeno entrare in LinkedIn. Inoltre, puoi dedicare mezz'ora al giorno o due ore a settimana per programmare tutta la tua pianificazione di contenuti sui social, che poi andranno in linea esattamente quando hai deciso. In pratica eviterai di dover accedere personalmente ai vari siti o app evitando la doppia perdita di tempo: da un lato l'operazione di pubblicazione in sé stessa, dall'altro la tentazione di dare una sbirciatina al feed dei contenuti.

HootSuite e altri sistemi simili hanno grandi vantaggi:

- Puoi pianificare i post su ogni social con un vero e proprio calendario
- Offrono consigli sugli orari migliori per la pubblicazione con strumenti come l'auto programmazione dei contenuti
- Puoi pubblicare uno stesso contenuto su tutti i tuoi social network
- Hai tutti i report e i commenti nello stesso posto

Ci sono anche degli svantaggi:

- Su Facebook, i post sembrano meno personali perché risulta HootSuite come autore
- Per avere il livello di servizio più completo devi pagare un abbonamento mensile o annuale.

Nella figura qui sopra, pubblico lo stesso post sui miei profili personali di LinkedIn e Twitter e anche sulla mia pagina Facebook personale. Comodo vero?

Pro Tip: molti servizi professionali come quelli citati in questo articolo hanno un costo mensile elevato. Ci sono però siti come www.appsumo.com che pubblicano offerte "lifetime", ovvero con licenze a vita. Spesso si tratta di servizi web di startup, quindi saranno un po' meno completi, o rischieranno forse di fallire in capo a due anni. Ma pagherai una quarantina d'euro per usarli a vita invece che, per esempio, 25 euro al mese come nel caso del piano a pagamento più economico di HootSuite.

Dovresti usare le Automazioni?

Se non hai idea di cosa siano le automazioni, meglio così. Non usarle. Punto.

Dal canto mio, fornisco alcune informazioni per i più curiosi, dopodiché invito chi voglia investigare più a fondo a chiedere una consulenza a degli esperti di Growth Hacking.

I servizi di automazione servono per ampliare al massimo la tua rete. Questa attività infatti la puoi fare in tre modi solitamente e i primi due sono concetti già letti in questo libro.

1. A mano. Cerchi le persone con la ricerca di LinkedIn e invii le richieste di connessione personalizzate una per una. È il modo più sicuro ma anche quello che richiede più tempo.
2. Altrettanto sicuro ma un po' più complesso è farlo fare a una virtual Assistant, segretaria, stagista, eccetera.
3. Le automazioni: sistemi esterni a LinkedIn da usare a tuo rischio e pericolo.

Solo per dovere di informazione, sappi che ci sono tre tipi di automazione:

- Estensioni del browser Google Chrome: andavano di moda qualche tempo fa, ora LinkedIn però le riconosce con facilità e il rischio è che ti chiuda il profilo per sempre.
- Automazioni da desktop: installi un programma che lavora in background e fa le operazioni al posto tuo. Funziona bene ma solo quando hai il computer acceso, e permette di fare poche operazioni: aggiungere persone, accettare richieste e poco altro. Solitamente queste applicazioni hanno anche un'interfaccia poco piacevole e per nulla intuitiva: sono fatte da smanettoni per i propri simili.

- Infine ci sono gli strumenti di "scraping". Questi sono servizi ospitati su server online. Siccome lavorano da un server, possono continuare a eseguire operazioni molto complesse in qualsiasi momento del giorno e della notte, a prescindere che il tuo computer sia acceso o che tu stia dormendo o al lavoro.

Se non appartieni alla categoria degli "smanettoni" e vuoi spingere al massimo le potenzialità del tuo profilo LinkedIn ma hai poco tempo da dedicarci, rivolgiti a un professionista! Il fai da te potrebbe essere deleterio.

Fai il Backup dei Dati

Negli USA si usa un gioco di parole simpatico ma vicino alla realtà: "your Network is your Net Worth". Ovvero, la tua rete di contatti equivale al tuo patrimonio netto. Ed è proprio vero, lavorando bene su LinkedIn arriverai ad avere un network di grande valore, che devi preservare.

Metti caso che ti prenda la smania di potere e che tu decida di mettere in pratica i sistemi di automazione suggeriti da tuo cugino Gigi, hacker a tempo perso. Gigi ne combina una delle sue e LinkedIn ti chiude l'account per violazione delle regole contrattuali. Che fai?

Certo, puoi sempre prendere Gigi a bastonate ma questo non compensa l'immenso valore perso: magari avevi migliaia di contatti, selezionati nel tempo e profilati a dovere.

Ecco perché ti consiglio di eseguire backup regolari del tuo profilo.

Il backup si esegue con lo strumento interno di LinkedIn "Copia dei tuoi dati" che ti permette di scaricare i seguenti dati:

Nome
Cognome
Titolo
Azienda
E-mail
Eventuali tag se li usavi nella versione precedente di LinkedIn

Per iniziare, clicca sull'icona del tuo profilo e seleziona Impostazioni e privacy.

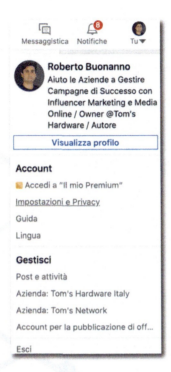

Dal menu laterale clicca su "Privacy dei dati" e qui trovi la sezione "Ottieni una copia dei tuoi dati".

Seleziona "Scarica un archivio di dati più grande", come nella figura seguente.

Poi clicca su "Richiedi archivio", inserisci la tua password e attendi. Riceverai un'e-mail all'indirizzo di posta elettronica collegato al tuo profilo LinkedIn.

Ogni quanto devo eseguire il backup?
Io ti consiglio di aggiungerlo alle tue routine, come rituale settimanale o mensile se stai lavorando molto su LinkedIn o semestrale nei periodi in cui fai meno attività.

Bloccare o smettere di seguire profili

Smettere di seguire o bloccare un profilo

Come in ogni social network che si rispetti, anche su LinkedIn puoi decidere di smettere di seguire, scollegare oppure bloccare dei profili.

Hai tre strumenti a disposizione per gestire le persone che ti danno fastidio. Che siano ex fidanzati o ex dipendenti, vecchi compagni di classe che non supporti dai tempi delle scuole medie o, semplicemente, persone poco interessanti, devi scegliere una strategia.

Smettere di seguire o "Unfollow"

Si tratta della strategia più raffinata e discreta. Puoi decidere semplicemente di non seguire più un profilo, ovvero, non vedrai più gli aggiornamenti di quella persona nel tuo feed.

È molto discreto perché lo scocciatore non si renderà per niente conto di quello che hai fatto. Infatti non riceverà alcuna notifica né altro tipo di segnale da LinkedIn. Di conseguenza se vuoi semplicemente ignorare per sempre quel collega che continua a pubblicare foto di gattini, fargli "Unfollow" è la cosa migliore.

Quando vedi un post che fa traboccare il vaso della tua pazienza, clicca sui tre puntini in alto a destra e dal menù che appare, scegli "Smetti di seguire...", come vedi nella figura qui sotto.

Oppure vai sul profilo della persona e clicca Altro e poi Smetti di seguire.

Se in futuro cambierai idea, trovi tutti i profili che hai smesso di seguire nella sezione "Chi hai smesso di seguire" della tua pagina "Impostazioni e Privacy", come vedi qui sotto. Ti basterà cliccare su "Segui di nuovo" per ritornare a vedere i contenuti di quella persona.

Scollegare una persona dalla tua Rete

Questa mossa è meno discreta dell'Unfollow. Scollegando una connessione dalla tua rete non condividerai più nulla con quella persona. Potresti ancora incappare nei suoi post, se condivisi da tuoi collegamenti o suggeriti dall'algoritmo. Ma non potrai più ricevere messaggi privati; al massimo il diretto interessato potrà contattarti spendendo un credito per gli speciali messaggi inMail.

Trucchi e consigli per il tuo account 265

Ovviamente non arriva alcuna notifica a chi scolleghi, ma questi potrebbe, prima o poi, accorgersi di quello che hai fatto e offendersi.

Per scollegarti da un profilo, devi aprirlo e poi cliccare sul bottone Altro e poi su Rimuovi collegamento.

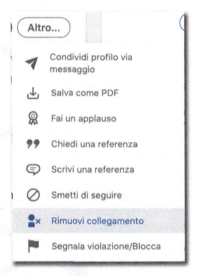

Una volta eseguita l'operazione, l'unico modo per tornare in collegamento è di mandare una richiesta di connessione o accettarla, se questa persona te la manderà nuovamente.

Bloccare un profilo

Per arrivare a bloccare un profilo devi proprio disprezzare questa persona e non ne vuoi più vedere alcuna manifestazione su LinkedIn. Inoltre, questo essere deprecabile non avrà accesso a nessun tuo contenuto del tuo profilo, al punto che non ti troverà nemmeno più nelle ricerche. Il blocco è realizzato tanto bene che uno sprovveduto potrebbe pensare che tu ti sia cancellato da LinkedIn.

Per bloccare una persona, seleziona "Segnala violazione / Blocca" dallo stesso menù visto in precedenza.

Diciamo che disprezzi un certo Andrea. La schermata successiva ti ricorda che, se lo bloccherai, non sarete più collegati - se lo eravate prima - e si cancelleranno eventuali conferme di competenze e Referenze. Ma tanto tu odi Andrea vero? E allora procedi pure.

Io in passato sono stato bloccato da qualcuno e confermo che è una sensazione spiacevole. A me è successo con un ex collaboratore che a un certo punto mi ha bloccato su LinkedIn, Facebook e perfino Twitter. A parte che bloccare qualcuno su Twitter è proprio da sfigati; in generale, subire il blocco da parte di una persona è allo stesso tempo offensivo per chi lo riceve ma anche un po' imbarazzante per chi lo fa.

Insomma, a meno di casi estremi - incitamento all'odio, stalking, pregiudizio pesante, pratiche commerciali sleali - lo sconsiglierei.

Come NON scrivere un messaggio InMail di presentazione

Scrivere le cosiddette "e-mail a freddo" è un'arte che richiede una tecnica precisa che ho anticipato qualche capitolo fa. Viviamo in un'era che ci sottopone a messaggi continui da ogni fonte: SMS, WhatsApp, Telegram, e-mail. E poi mentre guardiamo un video o navighiamo un sito, spuntano pubblicità di ogni tipo davanti allo schermo, sotto, sopra, di fianco, con musica e suoni. Insomma, siamo bombardati e quindi tendiamo a ignorare ciò che non conosciamo bene o che non ci è familiare.

Ecco perché quando fai un tentativo di contatto a freddo:

- Devi usare poche parole
- Inizia sempre con complimenti sinceri
- Imposta il discorso sui vantaggi per chi riceve il tuo messaggio
- Non scrivere "io faccio, io sono, io voglio": siamo tutti egoisti e pensiamo a noi stessi. Di quello che sei e fai non interessa a nessuno, almeno per ora.

Ecco un'e-mail esemplare appena ricevuta da una persona di cui preferisco non fare il nome; ne uso uno fittizio. Ti evidenzio tutti gli errori e ti propongo la versione corretta dello stesso messaggio.

Prima vedi il testo integrale, poi te lo riporto con le mie simpatiche e sagaci annotazioni.

Nota: lascio anche errori di battitura o grammaticali apposta, non sono farina del mio sacco.

"Oggetto: Richiesta collaborazione"
"Buonasera,
mi presento in primis.

Mi chiamo Giangianni, ho 24 anni e sono un appassionato sin da piccolo di informatica grazie a mia madre.

Grazie a questa passione che ho coltivato sono riuscito a trovare ottimi lavori che mi hanno dato grandi soddisfazioni. non sono qui però farvi perdere tempo ad ascoltare la mia vita.

Vi scrivo perchè molti miei amici, dopo essere stati aiutati spesso dal punto di vista informatico, mi hanno suggerito di farlo di professione.

Proprio in questo momento sto aiutando un amico per una build da gaming di fascia alta.

Purtroppo stiamo passando tutti un brutto periodo però abbiamo i mezzi per poter rimanere sempre in contatto con chiunque e questo è un bene.

La mia idea dunque era di creare un vero e proprio custom service per chiunque ne abbia bisogno.

Dal creare da 0 un pc, gaming/professionale ad aggiornare componenti o rispondere a domande tecniche, un pò come si fa nei forum ma ad un livello molto superiore. Seguire quindi dall'inizio alla fine l'utente.

Amazon è famosa in tutto il mondo per la sua ottima assistenza. non credo che una delle più grandi aziende del mondo punti su questa scelta a caso.

I video presenti sul tuo o di molti canali informatici indubbiamente sono stati e saranno di aiuto, lo sono stati per me, ma molte persone, almeno questo ho notato con i miei amici, hanno moltissimi dubbi perchè esistono un'infinità di prodotti a volte molto simili e hanno paura a scegliere, magari spendendo soldi in un prodotto non compatibile.

Poter creare quindi una relazione più approfondita con le persone che seguono il canale significa avere una marcia in più secondo me.

E' sicuramente un'idea molto particolare diversa da quella, passatemi il termine, banale di creare build in base alla fascia di prezzo come vedo spesso o sui canali o su telegram.

Poter invece dare all'utente un qualcosa creato e pensato solo per lui, in base alle proprie richieste è molto diverso e più soddisfacente per entrambi a mio avviso, magari poi condividendo il risultato con tutti sui social.

A me piace cercare soluzioni ai problemi, ora ne abbiamo uno che ci impedisce di uscire di casa e di poter aiutare degli amici dal vivo.

Con anydesk e skype/whatsapp/telegram sono riuscito ad aiutarli senza dover essere fisicamente da loro.

Lo smart working non deve essere per forza vista come una cosa negativa.

Per esempio sto pensando, per il mio amico, che una volta che avrà tutti i pezzi per il pc di fare una videochiamata per aiutarlo nell'assemblaggio passo dopo passo. Intanto gli ho fornito i link per scaricare tutti i drivers in modo tale che sia già pronto.

Mi piace aiutare le persone in qualcosa dove sono bravo e preparato.

Detto questo spero ti piaccia la mia idea e che la trovi interessante.

Magari possiamo sentirci e approfondire maggiormente la questione.

Ti lascio il mio recapito qui: 342222222."

Le mie osservazioni

"Oggetto: Richiesta collaborazione"

Generico. Scrivi in seconda persona e fai capire che vuoi dare e non prendere. Per esempio "Vuoi un collaboratore gratis? Leggi la mia idea"

L'oggetto è sbagliato. Hai pochi caratteri che, probabilmente, saranno gli unici letti dal tuo destinatario prima di decidere di cestinarti senza nemmeno passare al corpo del testo. Devi concentrati su cosa darai al tuo interlocutore e non usare un messaggio generico. Per esempio: "Voglio collaborare gratis con te e ti propongo un progetto."

Iniziamo a leggere il corpo del testo. Per prima cosa caro Giangianni, **hai mandato il cosiddetto Wall of Text**, ovvero un muro di testo. Hai scritto tutto attaccato, senza interlinee, grassetti, colore o formattazione. E come aggravante, hai scritto in questa modalità odiosa a una persona che sai essere molto impegnata.

Partiamo molto male: nessuno legge i Wall of Text, io li cancello direttamente. Scommetto che anche tu non hai letto tutta la mail che ho riportato per intero!

Ogni tanto degno di un'occhiata questi sproloqui solo perché mi piace fare degli studi antropologici.

Ora vediamo elemento per elemento tutti gli errori, ma considera che il 99% degli imprenditori o manager eliminerà un messaggio "mappazzone" di questo tipo senza leggerne nemmeno una riga.

"Buonasera,

Sbagliato. Che ne sai a che ora leggo la mail? Meglio piuttosto "Ciao".

"mi presento in primis.

Mi chiamo Giangianni, ho 24 anni e sono un appassionato sin da piccolo di informatica grazie a mia madre".
E chi se ne frega. Mi stai perdendo.

"Grazie a questa passione che ho coltivato sono riuscito a trovare ottimi lavori che mi hanno dato grandi soddisfazioni. non sono qui però farvi perdere tempo ad ascoltare la mia vita.
Vi scrivo perchè molti miei amici, dopo essere stati aiutati spesso dal punto di vista informatico, mi hanno suggerito di farlo di professione."
E chi se ne frega. Ti sto mettendo in SPAM.

"Proprio in questo momento sto aiutando un amico per una build da gaming di fascia alta.
Purtroppo stiamo passando tutti un brutto periodo però abbiamo i mezzi per poter rimanere sempre in contatto con chiunque e questo è un bene."
E chi se ne frega. Per me, sei praticamente rumore bianco.

"blablablablabla"
Blablabla. Ho già cancellato l'e-mail, messo il mittente in Spam e sono già passato a Netflix.

"I video presenti sul tuo o di molti canali informatici indubbiamente sono stati e saranno di aiuto".
Il primo complimento dopo mille parole generalizza i tuoi meriti con quelli di altri influencer: male.

"Blablabla... È sicuramente un'idea molto particolare diversa da quella, passatemi il termine, banale di creare build in base alla fascia di prezzo come vedo spesso o sui canali o su telegram."
E qui ti piazzo anche una critica. Nel caso miracoloso che tu sia ancora con me, ti sei appena suicidato.

"Blablabla e poi mappazzone finale"

E quindi come la giriamo? In sintesi, ho aperto parlando in prima persona e solo di me; poi ti ho scritto che tu fai un servizio utile, ma ti faccio notare che come te, lo fanno anche altri. Poi ti ho scritto che parte di quello che fai, lo fai anche male e potresti migliorarlo e ovviamente io ho la formula magica.

Ora metto gli occhiali del papà. Qui c'è un ragazzo che ha bisogno di aiuto ma è troppo incentrato su sé stesso. Ha 24 anni e quindi deve darsi una svegliata: se questa e-mail fosse arrivata da un sedicenne, avrei chiuso un occhio. Il nostro Giangianni dovrebbe fare un grosso bagno d'umiltà e scrivere e-mail come quella qui di seguito.

L'e-mail di Giangianni rivista e perfezionata

Oggetto: "Ti interessa un nuovo progetto gestito gratis e in autonomia?"

Testo
"Caro Agilulfo, grazie per il tuo lavoro! I tuoi video sono preziosi e mi hanno insegnato tante cose.

So che sei molto impegnato, ti chiedo solo: hai mai pensato a un sistema di risposte personalizzate sugli utenti per fidelizzarli e guadagnare più soldi?

Ti andrebbe di sentire la mia proposta, che realizzerei lavorando per te completamente gratis?

Rispondi a questa e-mail o scrivimi su WhatsApp al numero 333444111.
Grazie per l'attenzione e ciao!"

Che ne pensi? **Abbiamo aumentato le possibilità di risposta** di qualche punto percentuale. Siamo passati sicuramente dallo **0%** al **2-3%**.

Guarda bene la struttura.

Oggetto che va al punto e dice che voglio dare e non prendere. Testo brevissimo e suddiviso in tre-quattro paragrafi al massimo, ciascuno separato da un'interlinea.

- **Saluto e complimenti sinceri**. Se non credi veramente che dall'altra parte ci sia una persona speciale, che crea prodotti o servizi ottimi, non scrivere nemmeno.
- **Proposta informata e di valore**. Mi raccomando, devi sapere il fatto tuo e conoscere le attività del destinatario. Se proponi qualcosa che già fa, per esempio, sprechi tempo.
- **Fai minimo due domande,** massimo tre. Le domande attivano nel cervello di chi le legge la necessità di elaborare una risposta quindi attirano l'attenzione.
- **Fai un saluto finale indicando con chiarezza come contattarti.**
- **Opzionale: Aggiungi una firma** con Nome, Cognome, eventuale Azienda, Indirizzo, Numero di Telefono, identificativi per video chiamate (Skype, Altro).

Vale la pena pagare per LinkedIn Premium?

Ottima domanda. Vale la pena sborsare cifre a partire da 30 euro al mese per usare LinkedIn in modalità Premium? Dipende.

Ti faccio un esempio in prima persona: io ho aperto il mio profilo LinkedIn nel 2008 e finora non avevo mai attivato nemmeno il mese Premium di prova. E nonostante tutto, ribadisco, ho trovato su LinkedIn clienti per le mie aziende che mi hanno portato milioni di euro di vendite e fatturato.

Quest'anno ho finalmente attivato un abbonamento Premium Business, ma per il solo scopo di avere maggiori informazioni per poter scrivere questo libro. Si tratta di una spesa che un professionista o un'azienda scarica per intero, ma ribadisco che io finora sono riuscito a trarre vantaggi incredibili da LinkedIn senza spendere un centesimo.

Quindi vale la pena pagare per un profilo Premium? Forse sì e forse no. Sicuramente vale la pena se hai buone conoscenze dell'inglese e se sei in grado di seguire video corsi in quella lingua. **Il solo fatto che avrai accesso alla fantastica piattaforma LinkedIn Learning vale ogni euro speso.**

E certamente ha senso attivare un profilo a pagamento in specifici momenti della tua carriera: per esempio, quando sei alla ricerca di un nuovo lavoro o in fase di ricerca di nuovi clienti, magari perché hai deciso di affrontare un business in un nuovo settore nel quale parti letteralmente da zero.

Che tu attivi o meno un piano a pagamento di LinkedIn, io non ci guadagno niente, quindi non ti fornirò link d'iscrizione magici né ti spingerò a una scelta piuttosto che un'altra. Fai il tuo mese di prova con il piano che ti sembra più adatto; poi scegli tu se proseguire in maniera continuativa, se abbonarti a intermittenza come faccio io oppure se continuare a usare il sito gratis come fa la maggior parte delle persone.

Pro Tip: se intendi abbonarti a certi prodotti o servizi e non hai fretta, tieni sott'occhio le pagine web nei periodi del Black Friday o Cyber Monday. E abbonati alle loro newsletter. Di tanto in tanto riceverai offerte promozionali per avere un abbonamento premium a prezzi scontati.

Riassunto del Capitolo

Trucchi e Consigli per il tuo Account

Concetti chiave
- Ci sono servizi per programmare le tue pubblicazioni in maniera comoda e puntuale che ti faranno ottimizzare il tempo alla grande.
- Meglio che non usi automazioni e software esterni a Linkedin. Evita di rischiare il tuo prezioso profilo e tutto il lavoro fatto per farlo crescere e migliorare.
- Fai backup manuali del tuo profilo e salva tutto in cloud.
- Se vedi post o altre pubblicazioni che non ti piacciono, smetti di seguire e blocca le persone fastidiose senza farti troppi problemi.
- Più le persone sono importanti e di successo, meno hanno voglia di leggere e-mail e messaggi boriosi, autocelebrativi e soprattutto lunghi. Pratica l'arte della sintesi, rispetterai il valore più prezioso del tuo prossimo: il suo tempo.
- Attiva Linkedin Premium anche solo quando ti serve, non è obbligatorio pagare sempre. E potrai fare praticamente tutto, solo un po' più lentamente e con qualche funzione in meno, senza sborsare un centesimo.

Lista di Azioni Da Fare
- Prova a usare le versioni gratuite di Buffer, HootSuite o simili e vedi come ti trovi.
- Metti in agenda degli slot di tempo per la creazione dei tuoi backup periodici del profilo Linkedin.
- Prova il mese gratuito di LinkedIn premium incluso in ogni account per capire bene se hai veramente bisogno di pagare un abbonamento in maniera continuativa.

Bonus:
Elementi di Crescita Personale

"Che tu possa vivere ogni giorno della tua vita!"
JONATHAN SWIFT

Non smettere mai di studiare

Sono uno studente avidissimo di conoscenza e non mi sono mai fermato nel mio percorso formativo! Studio libri e frequento corsi relativamente alla crescita professionale, alla gestione d'impresa, a come migliorare le relazioni, a come far crescere bimbi felici. Insomma mi aggiorno in continuazione su qualsiasi tema mi stia a cuore.

Ho diversi coach e mentori che ti consiglio di seguire a tua volta. Diversamente dal passato, anche a seguito del periodo pandemico del 2020, ora i formatori offrono tantissima conoscenza gratis o a prezzi irrisori. Insomma, è il periodo storico migliore per formarsi. Per dirla con le parole di un famoso coach mio omonimo: "Se non ti formi ti fermi".

Letture Suggerite
Se preferisci leggere, questi sono i tre libri che più hanno influito sulla mia vita personale e imprenditoriale.

The Miracle Morning di Hal Elrod: https://bit.ly/miraclemo
Grazie a questo autore ho cambiato radicalmente il mio stile di vita, diventando una persona mattutina. Per esempio, sto scrivendo queste parole alle 7.40 di una domenica mattina di ottobre. Mi sono alzato alle 5, dalle 5.30 alle 6.30 ho fatto esercizio fisico all'aria aperta a bordo mare in una splendida località salentina.
Se leggi tranquillamente in inglese, ti consiglio l'ultima e più aggiornata opera di Hal Elrod, The Miracle Equation: http://bit.ly/MirEq

Le 7 regole per avere successo di Steven Covey: http://bit.ly/7regoleSuccesso
Si tratta del primo libro di "self help" che abbia mai letto ed è uno dei capostipiti del genere. La lettura di questo tomo mi ha

aiutato a mettere in discussione ogni elemento della mia esistenza. Oggi credo che ci siano libri più semplici, più sintetici, anche più comprensibili ed efficaci di questo. Ma nonostante tutto, se non l'hai ancora letto, compralo e mi dirai che ne pensi.

L'Etica dell'Eccellenza di Paolo Ruggeri: http://bit.ly/eticaeccellenza

Sono entrato in contatto con le opere di Paolo Ruggeri nel 2019. Dopo la lettura dei libri di Paolo, ho iniziato a frequentare la sua accademia di formazione Mind Business School e sono diventato cliente della sua azienda di formazione OSM: https://www.opensourcemanagement.it/. Grazie!

Ascolti Suggeriti

Se vuoi conoscere tutti i segreti per diventare influencer, ti consiglio il podcast che ho realizzato assieme allo stesso Koan Bogiatto, **Professione Influencer**. Troverai 138 puntate da almeno venti minuti con contenuti di alto livello, interviste a grandi influencer e tanti spunti per la tua attività di Business Influencer su LinkedIn.

Trovi il podcast su iTunes: http://bit.ly/ProfInfItunes
Oppure su Spotify: http://bit.ly/ProfInf
E su Spreaker: http://bit.ly/ProInfSpr

Infine, se te la cavi con l'inglese, ti consiglio di ascoltare audiolibri, podcast o video YouTube di **Tony Robbins**; è una persona che dà grande ispirazione e carica. E se vuoi ascoltare un po' di grandi classici, devo ammettere che a me piacciono anche i dinosauri del self help, come **Jim Rohn, Bob Proctor e Zig Ziglar**. Questi ultimi li devi ascoltare, ovviamente, con la dovuta premessa che i contenuti non sono sempre al passo con i tempi.

I Quattro Quadranti della Produttività

Secondo il leggendario autore statunitense Stephen Covey, che cito nella sezione precedente, ogni nostra attività quotidiana ricade in uno di questi quattro quadranti.

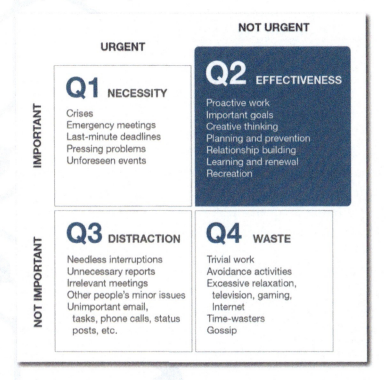

Fonte immagine: https://www.franklincovey.com/the-7-habits/habit-3.html

Io devo ammettere che alla prima lettura di questo libro, tanti anni fa, non avevo capito questo concetto. Spiego rapidamente i quadranti.

Quadrante 1: Importante e Urgente
Si tratta di attività in scadenza imminente e che sono allo stesso tempo vitali per il business o la vita privata. Il Quadrante 1 è quel-

lo della "reazione" agli eventi. Se passi la maggior parte del tempo in questo quadrante non hai il controllo del tuo tempo e lavori spesso in emergenza, sotto stress e con i minuti tirati. E ti capita spesso di fare errori ai quali non hai tempo per rimediare.

Esempi di attività di Quadrante 1
- Pagamento di un F24 in scadenza oggi;
- Eventi imprevisti come rotture di macchinari;
- Progetti in scadenza che i tuoi collaboratori non hanno completato;
- Ispezione dell'INPS perché hai sbagliato a pagare i contributi.

Quadrante 2: Importante ma Non Urgente
Sono le attività molto importanti ma che non hanno una data di scadenza, per le quali quindi non senti la pressione di completarle. Il Quadrante 2 è quello della Proattività. Se lavori molto in questo quadrante, eviterai di finire spesso nel primo quadrante.

Per esempio, fare esercizio fisico non è urgente, nel senso che se salti uno o due giorni probabilmente non morirai sul colpo. Ma se non troverai mai il tempo di curare il tuo corpo prima o poi ti troverai a gestire una grave urgenza: una malattia, un brutto mal di schiena o peggio.

Gli F24 si possono pianificare anche quindici giorni prima della scadenza, così non devi versarli all'ultimo minuto, proprio nel giorno in cui il web banking è in manutenzione...

Oppure, per fare un esempio familiare, se non troverai almeno un'ora al giorno da dedicare interamente ai tuoi figli, presto potresti trovarti a gestire con loro un'urgenza di quadrante 1: assunzione di stupefacenti, frequentazione di brutte compagnie, litigi continui su argomenti futili.

Se passi la maggior parte del tuo tempo in questo quadrante, appartieni alla schiera degli illuminati e la tua qualità della vita sarà elevatissima!

Esempi di attività di Quadrante 2
- La formazione di sé stessi o del tuo personale;
- La scrittura di manuali operativi;
- Lo studio di nuove strategie di business;
- Tempo di qualità con i tuoi figli e la tua famiglia;
- Mezz'ora di esercizio fisico ogni giorno;
- Delegare al tuo commercialista il versamento degli F24 che hai sulla scrivania da tre mesi

Quadrante 3: Non Importante ma Urgente
Questo è definito anche il quadrante dell'inganno o delle distrazioni. Si tratta di attività che ti sembrano avere le connotazioni dell'urgenza e dell'importanza, ma in realtà sono solo perdite di tempo. Se passi la maggior parte del tuo tempo nel terzo quadrante, ti consiglio di fare un po' di corsi di formazione.

Esempi di attività di Quadrante 3
- Rispondere a e-mail inutili o che potevano essere gestite da altri
- Partecipare a battibecchi e polemiche con i colleghi
- Stare un'ora al telefono con la vecchia zia troppo loquace quando i tuoi bambini ti vorrebbero a giocare con loro
- Rispondere alla zia anche in ufficio, durante l'orario di lavoro
- Tenere sempre aperto WhatsApp per rispondere a tutti in tempo reale

Quadrante 4: Non Importante e Non Urgente
Queste sono le perdite di tempo più dannose di tutte. Sai che non sono né importanti né urgenti ma ogni tanto ci caschi e, purtroppo, creano assuefazione. Sembrano attività ricreative ma in realtà sono vere e proprie droghe che prima o poi mangeranno tutto il tuo tempo. E ti faranno finire a vivere sempre nel primo e terzo quadrante.

Esempi di attività di Quadrante 4
- Scorrere all'infinito il feed di Facebook, Instagram o TikTok
- Giocare un'ultima partitina a Clash Royale o Candy Crush Saga prima di rimettersi a lavorare. E poi un'altra. E poi un'altra ancora.
- Sentire come va a finire la tua serie TV preferita del momento tenendola in background sul computer del lavoro

Sembra facile ma non lo è

Dopo aver letto questa sezione, ti sembrerà ovvio che dovresti limitare al minimo le attività del terzo quadrante ed eliminare quelle del quarto - non importanti e non urgenti. E come succede allora che i Social Network abbiano i loro picchi di traffico durante gli orari lavorativi? Perché Facebook è maggiormente visitato tra le 13 e le 16, nei giorni lavorativi?

Ecco la spiegazione.

Immagina di essere una persona che non riserva mai il tempo per le attività di Quadrante 2: pianificare la tua agenda in anticipo, studiare per aggiornarti, introdurre nuovi strumenti di lavoro più efficienti, formare collaboratori e personale, creare un sistema di deleghe efficace, fare esercizio fisico e curare l'alimentazione. Come conseguenza del fatto che non lavori nel secondo quadrante, le attività del primo e del terzo quadrante aumentano a dismisura, e quindi ti troverai sempre più spesso lì: pagamenti in scadenza oggi, clienti che chiamano perché non hai consegnato la merce, lavoro extra che doveva fare un collaboratore ma che ha piantato lì perché non è formato a sufficienza. Oppure potrebbero arrivare i problemi fisici o familiari: un colpo della strega mentre sollevi un pacchetto da un chilo o tua moglie/marito che ti chiama minacciando di buttarti fuori casa perché la/lo trascuri da mesi.

E quindi sei sempre di corsa, a lavorare con le urgenze e a un certo punto ti trovi a cercare un modo per rilassarti dallo stress e per intrattenerti: dai una guardata al tuo feed di Instagram e inizi a guardare foto di belle ragazze o bei ragazzi sempre abbronzati, in forma, in posti meravigliosi. E ti arrabbi! Perché inizi a provare frustrazione, perché quelli lì su Instagram sono sempre in posti meravigliosi e si godono la vita mentre tu te la passi male...

Non pensi però che quelle foto sono artefatte e quelle persone raccontano storie finte. Quindi passi a Facebook e vedi un concorrente che vanta un super successo, un amico che fa considerazioni politiche che ti fanno infuriare, e insomma: perdi la pazienza e ne esci con più frustrazione e rabbia di prima. E quindi che fare? Con questo stato d'animo tanto vale guardarsi l'ultima puntata de "La Casa di Carta" su Netflix, e poi già che ci sei quel video YouTube che avevi perso ieri. Magari spizzicando patatine e birra perché, del resto, "si vive una volta sola".

Ed ecco che, come per stregoneria, ti ritrovi a passare la maggior parte del tempo nel Quadrante 4!

La tecnica del Time Blocking

La tecnica del Time Blocking è protagonista dell'interessante libro "The One Thing" di Gary Keller - "Una Cosa Sola" in italiano - https://bit.ly/unacosas.

Il concetto principale che ho tratto dalla mia lettura è che il multitasking non esiste. Ovvero, non è possibile concentrarsi veramente su più di un'attività alla volta. E quindi per fare veramente un lavoro di altissima qualità, devi focalizzarti su una cosa sola. Un esempio di queste attività importanti, che richiedono ore di lavoro e tanta concentrazione e che purtroppo rimandiamo troppo spesso, è quello delle attività di Quadrante 2.

Alcuni esempi possono essere la scrittura di un libro o di articoli per LinkedIn, la stesura di un organigramma aziendale o la realizzazione del copione dei tuoi prossimi video tutorial. Oppure un altro ottimo esempio è stabilire il tempo da dedicare alla cura del corpo e della salute fisica e alle relazioni con amici, figli, coniugi e familiari in genere.

Come fare a riservare tempo di qualità?
Devi imparare a fare time blocking. Prendi la tua agenda e fissa dei veri e propri appuntamenti con te stesso o te stessa che rispetterai rigorosamente! Considerali della stessa importanza di un appuntamento con il tuo capo o con il tuo cliente numero uno.

Puoi usare uno strumento cartaceo, come la classica agenda con Planner settimanale, oppure un calendario online come Google Calendar.

Ecco alcuni suggerimenti.
- Crea blocchi di una durata compresa tra mezz'ora e un'ora e mezza.
- Blocca le cose più importanti la mattina presto: esercizio fisico, le attività più difficili e complesse oppure quelle di Quadrante 2.

- Tra un blocco e l'altro prevedi almeno 5 minuti di riposo, ovvero considera che lavorerai 55 minuti e 5 saranno di riposo.
- Lascia delle ore libere per gli imprevisti.
- Riguarda la tua agenda a inizio e a fine giornata e tienila sempre aggiornata.
- Non spostare o annullare mai le attività di Quadrante 2, a meno di vere eccezioni - incidenti, gravissimi problemi sul lavoro.
- Non mentirti: rispetta quello che hai scritto.

La tecnica del Pomodoro
In questo momento sto facendo la mia ultima rilettura di questo libro in una splendida mattinata di sole qui a Dubai - dove vivo da un anno circa. A pochi metri ho piscine, campi da tennis e ogni altro tipo di distrazione. Ma io ho fissato l'appuntamento con me stesso, l'ho messo a calendario e lo rispetto.

Inoltre, sto lavorando in modalità "Deep work". Ovvero ho il telefono spento e sul computer tengo aperto solo l'editor di testo.

Per essere certo di focalizzarmi al 100%, uso la "tecnica pomodoro". In cosa consiste?

- Svolgo 25 minuti di lavoro ininterrotto, senza distrazioni e chiuso nel mio studio con tutti i telefoni spenti e nessuna applicazione di messaggistica aperta nemmeno sul computer;
- Poi faccio 5 minuti di riposo, se voglio riaccendo il telefono altrimenti semplicemente mi sdraio sul divano, chiacchiero con mia moglie, bevo un bicchiedere d'acqua.
- Poi faccio altri 25 minuti di Deep Work.
- Ogni due ore di lavoro in questo modo, faccio una pausa più lunga, di 15 minuti.

Libro consigliato: Deep Work di Cal Newport - https://amzn.to/3MuoCgq

Gestire il sonno per produrre di più

Questo è un tema trattato in decine di libri e ricerche ma che non è mai al centro dell'attenzione della gente comune. La gestione del sonno è la nozione di crescita personale più importante che abbia mai appreso nella mia intera esistenza. Dormire è la singola attività della nostra vita alla quale dedichiamo più tempo, ma non ci fermiamo mai a capire come migliorare l'efficienza del nostro sonno. Per me è stato rivelatore il libro Sleep Smarter, in italiano "Sonno Facile": https://bit.ly/sonnofacile.

L'autore dà una serie di 21 consigli, tra cui alcuni facilissimi da applicare, che cambieranno la qualità e l'efficienza della tua giornata e della tua esistenza semplicemente migliorando la qualità del tuo sonno. Questa lettura migliorerà la qualità della tua vita: mi raccomando, non sottovalutare questo consiglio!

C'è un altro libro che mi ha fatto dare la svolta e parte sempre dalla gestione del sonno. Si tratta del già citato The Miracle Morning, di Hal Elrod: https://bit.ly/miraclemo.

Ecco un mio personalissimo riassunto dei principi più importanti di The Miracle Morning. L'autore ha notato che tutti i più grandi esperti di produttività e crescita personale concordano che le seguenti attività siano vitali per migliorare:

- Meditazione o preghiera;
- Affermare frasi che includono i tuoi obiettivi del giorno e a medio e lungo termine e gratitudine per le cose più semplici;
- Visualizzazione dei tuoi obiettivi quotidiani e a medio e lungo termine;
- Esercizio fisico;

- Lettura di testi di formazione o aggiornamento professionale;
- Scrittura del tuo diario personale

Siccome le sette attività sopra descritte sono fondamentali, perché non svegliarti un'ora prima e farle tutte prima di iniziare la tua routine quotidiana? La teoria alla base è che, una volta che inizi a portare i bambini a scuola, spostarti per andare al lavoro o all'università, ricevere centinaia di e-mail e notifiche social o interruzioni dai colleghi, arriverai fino a sera senza avere fatto niente di quello che veramente è importante per te.

Come fare allora? Ecco alcuni passi, semplici a dirsi ma impegnativi a farsi!

- Programma le tue ore di sonno così come fai con quelle di veglia o di lavoro
- Vai a letto sempre alla stessa ora o almeno provaci
- Dormi in cicli di un'ora e mezza, quindi 6 ore o 7 ore e mezzo ma mai le famose e sbagliatissime 8 ore. Studia il ciclo circadiano del sonno e la teoria del sonno polifasico, che io ho scoperto grazie ai corsi di Koan Bogiatto.
- Imposta la tua sveglia sempre prima, in modo da poter fare tutte le attività più importanti per la tua vita prima di qualsiasi altra cosa.

Se vuoi ho pubblicato alcuni video su questi temi, durano una decina di minuti in media. Fammi sapere che ne pensi!

Dormi Meno e Produci di Più con il Sonno Polifasico:
https://youtu.be/VUE06BjJTUA

20 consigli per DORMIRE MEGLIO! (PT.1):
https://youtu.be/Cij42gt8aF8

20 consigli per DORMIRE MEGLIO! (PT.2):
https://youtu.be/SQlv0bHOERA

La mia mattinata tipo

Nella figura qui sotto vedi un esempio della mia agenda con i blocchi di tempo prenotati per le varie attività. È una rappresentazione di come occupo le prime ore della giornata da quando lavoro da casa, quindi non vedrai i tempi per lo spostamento in ufficio. I colori rappresentano i quadranti: blu per il Quadrante 2, rosso per il Quadrante 1. Ovviamente non si mettono in agenda blocchi di tempo per i Quadranti 3 e 4, questo ti è chiaro vero?

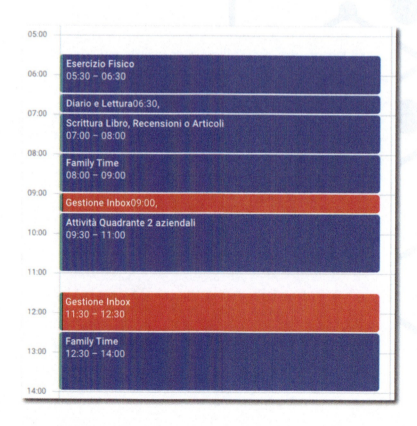

Questa è la routine che funziona per me, ognuno ha le sue preferenze e i suoi orari, quindi quello che va bene per me potrebbe non adattarsi al tuo stile di vita.

Qui sotto ti elenco i miei rituali mattutini, ispirati dagli ascolti di Tony Robbins e dallo studio di The Miracle Morning.

- Mi alzo presto e la mia prima mezz'ora è dedicata a igiene, cura del corpo e a vestirmi.
- Esco per fare esercizio fisico all'aria aperta fino a che il clima lo consente. Altrimenti faccio esercizio in casa guidato da app come Sworkit. Durante quest'ora seguo i concetti della Hour of Power di Tony Robbins e/o di The Miracle Morning; in pratica faccio meditazione dinamica - ovvero in movimento - recito affermazioni potenzianti e di gratitudine, visualizzo gli obiettivi a breve, medio e lungo termine e faccio tante altre cose che suonano strampalate ed esoteriche! E poi faccio esercizio muscolare mentre ascolto audiolibri o podcast di formazione.
- Scrivo per almeno un'ora. Parto dal mio diario personale, per il quale uso l'app "Day One". Poi inizio a scrivere: qualche pagina del prossimo libro, recensioni o articoli da pubblicare su Amazon o una delle mie testate. La mattina prima delle 8 per me il momento magico della scrittura.
- Dedico un'oretta alla colazione con mia moglie, per fare due chiacchiere con lei e pianificare le cose di famiglia. E poi mi dedico al nostro piccolo Dario, che porto a scuola in bicicletta.
- Prima di passare alle attività di Quadrante 2, controllo e-mail, WhatsApp, Telegram e rispondo a tutto quello che riesco, delego quello che compete ai miei collaboratori e cancello le cose inutili.
- Ogni mattina mi impegno per svolgere almeno un'ora e mezza di attività di Quadrante 2 per le mie aziende.

Formazione dei collaboratori, revisione di conti, analisi economica e finanziaria, chiamate per discussioni strategiche con i miei manager o Amministratori Delegati. Dal punto di vista lavorativo, questo è il tempo più prezioso del giorno.
- Riservo un'ora e mezza per attività non previste e per continuare a leggere e smistare e-mail o altri tipi di messaggi, o per sentire rapidamente manager e collaboratori per questioni operative, assegnare attività o verificare l'andamento dei progetti.
- E poi Family Time che nessuno può disturbare!
- Nel pomeriggio solitamente ho alcuni incontri fissi settimanali con i miei manager per la gestione operativa delle aziende e il resto del tempo lo tengo libero per fissare appuntamenti e chiamate con potenziali investitori o partner d'impresa, imprenditori, grandi clienti e, in generale, persone molto interessanti.

Se pensi che me la stia tirando, puoi tranquillamente prendermi in giro. Io stesso mi sento un po' ridicolo quando cammino nel mio circondario, gesticolando e affermando ad alta voce "Sono grato per questa aria fresca, sono grato per essere vivo, in forma e in salute, sono grato per avere una splendida famiglia, una moglie che mi ama, un figlio meraviglioso..."

Ma sai la verità? A parte qualche vicino che ti guarda male, non costa niente e fa veramente bene, prova e vedrai!

E tu, come organizzerai la tua giornata da ora in poi?

Una Gestione delle Attività Efficiente

Questo argomento è controverso e ci sono molte opinioni in merito.

Io ho sempre apprezzato il lavoro di David Allen e ritengo che il suo libro **"Getting Things Done"** - o GTD per gli amici - sia tuttora una lettura obbligatoria. In italiano è tradotto con il titolo Detto Fatto: http://bit.ly/DettoFattoLibro

Il metodo GTD spiega da zero a una persona che non ha alcun concetto dell'organizzazione del lavoro come mettere ordine nella propria esistenza:

- Segnare le attività e le informazioni in ingresso da posta elettronica o tradizionale, chiamate, messaggistica, Social Network, riunioni e chi più ne ha...
- Processare le suddette informazioni o attività per capire come gestirle:
    - Farle subito se richiedono meno di 2-5 minuti.
    - Delegarle se non competono te.
    - Archiviarle se si tratta di documentazioni o materiale che può essere comodo in seguito.
    - Eliminarle se si tratta di cose inutili o che non riguardano né te né i tuoi collaboratori.
- Dare dei pesi ai vari elementi impostando delle priorità basate sui tuoi obiettivi di breve, medio e lungo termine.
- Fissare dei momenti ricorrenti durante la giornata e nel corso della settimana per una revisione giornaliera e settimanale.
- Anche se alcuni concetti potrebbero essere anacronistici per alcuni tipi di professione - come la gestione degli schedari fisici con le loro belle cartelle - io tuttora continuo a implementare il metodo GTD nella mia vita di tutti i giorni.

Ci sono poi visioni più moderne. Gary Keller, autore del citato *The One Thing*, sostiene che non devi avere una lista delle attività - in inglese "to-do list" ma una "Success list". La Success List contiene solo i task strettamente correlati al raggiungimento dei tuoi obiettivi più importanti, personali e professionali.

Molte persone infatti tengono una lista delle cose da fare che diventa sempre più lunga. Che tu usi carta e penna o i Promemoria di Apple piuttosto che app specializzate come Todoist, a un certo punto avrai una sbrodolata di attività con il loro bel quadratino di spunta a fianco.

Un bel giorno ti troverai a smaltire attività giusto per levarle di mezzo e perderai la bussola, confondendo ciò che è importante con quello che non lo è.

Quindi secondo alcune interpretazioni moderne della gestione delle attività, ogni mattina dovresti identificare le tre cose più importanti, quelle che più ti avvicinano ai tuoi obiettivi di medio e lungo termine, e concentrarti prima su quelle. Ovviamente, bloccando il tempo in agenda come visto nelle pagine precedente.

È successo anche a me di travisare la funzione della mia to-do list: mi sentivo molto affaccendato e, in effetti, segnavo, svolgevo e spuntavo attività tutto il giorno. Ma alla fine della settimana, lo stress saliva e fatturato e margini non aumentavano, anzi. Oggi so che devo dedicare le ore del giorno nelle quali sono più fresco e ricco di energie alle attività di Quadrante 2. E incredibilmente, lavoro di meno e guadagno molto più di prima.

Qual è il sistema migliore quindi? Per la maggior parte delle persone, la verità sta nel mezzo. Soprattutto se sei un lavoratore dipendente, o in ogni caso subordinato, devi avere una lista delle cose da fare precisa e dettagliata. E difficilmente potrai dire al capo "oggi ho deciso che tra le 11 e le 12 faccio una bella corsa al parco perché Roberto Buonanno mi ha detto che devo fare attività di secondo quadrante la mattina!". Potrebbe essere che le priorità le detti il tuo capo, e di conseguenza devi avere un sistema di gestione delle attività preciso, affidabile e flessibile. Allo stesso tempo questo non vieta di tenere una tua "Success List" per i tuoi obiettivi personali e di bloccare tempo, al di fuori degli orari lavorativi, per portarti avanti sugli obiettivi di crescita personale più importanti.

Bonus:
Interviste ai Top Expert!

Intervista a Raffaele Gaito

Raffaele, per sua definizione, aiuta le aziende a migliorare i loro prodotti e i loro processi con l'ausilio dei dati, degli esperimenti e del pensiero laterale. È tra le persone più competenti sul tema del brand positioning su LinkedIn e la sua intervista mi ha aiutato molto nella stesura di questo libro.

Roberto: Raffaele, come suggeriresti ai miei lettori di impostare il proprio brand positioning su LinkedIn?
RG: La prima cosa da tenere presente è che ci sono 3 aspetti da considerare in LinkedIn.
Molti pensano che sia solo un curriculum vitae digitale, ma in realtà è molto di più. Per prima cosa, faccio curare Profilo, Network e Contenuti.

Il mio focus primario riguarda i profili personali perché le pagine delle aziende non performano come quelle personali. LinkedIn infatti va trattato come un Social Network. Non puoi pensare di usarlo in maniera ottimale se non ti sei circondato di persone e contatti utili per il tuo business. Potenziali partner, clienti, sponsor: in generale soggetti interessanti per il tuo business o per il tuo lavoro.

Il proprio network va considerato come un asset. E lo devi fare prima di averne bisogno; se cominci oggi sai che i risultati li vedrai tra un anno o un anno e mezzo. Quindi aggiungi le persone con un'ottica molto mirata. Non aggiungere tutti a caso solo per aumentare il numero, come si fa con per le figurine Panini.

Roberto: dobbiamo aggiungere anche perfetti sconosciuti?
RG: Sì! Navigare su LinkedIn è come andare a una fiera di settore o a un evento. Mettersi a parlare con gli sconosciuti è normale, sei lì proprio perché vuoi acquisire nuovi contatti.

Per trovare nuove connessioni, hai due modalità: outbound e inbound - in uscita e in entrata. Nella prima, cerchi tu i profili interessanti e mandi richieste di collegamento e messaggi; nella seconda, ti fai cercare grazie ai contenuti e alle interazioni che produci con costanza, qualità e continuità.

Roberto: come suggerisci di bilanciare le due attività, inbound e outbound?
RF: Non è complesso: all'inizio dedica pari tempo a ciascuna attività. Svolgere una sola delle due non è efficiente quanto farle entrambe con costanza.

Non devi solo pubblicare contenuti. Intercetta post interessanti per il tuo settore, sui quali devi presenziare. Commenta, condividi, aggiungi le persone che ci scrivono e dialogaci. All'inizio è l'unico modo con il quale puoi alimentare la tua rete.

Questo è valido anche per i gruppi di discussione. Sono meno usati rispetto a quelli di Facebook, ma se ne trovi uno della tua nicchia, entraci e leggi, partecipa e pubblica contenuti.

È come nella vita reale: non devi avere paura di essere troppo espansivo o inopportuno, l'importante è che tu ti ponga sempre in maniera competente, educata e rispettosa.

Roberto: come si creano contenuti di successo?
RG: LinkedIn premia tanto i contenuti e, diversamente da Facebook, per ora non richiede pagamento per aumentarne la visibilità. Come altri Social Network, LinkedIn introduce gradualmente nuove funzionalità come quelle recenti delle live streaming e delle storie. E allo stesso modo ne elimina. Per ora, la resa organica dei contenuti va fortissimo e quindi bisogna puntarci.

LinkedIn inoltre premia tanto i contenuti con molti commenti: vuole che ci siano tante interazioni e parecchio coinvolgimento. Se sei in grado di far nascere una discussione sotto il tuo contenuto, riesci a creare una visibilità incredibile.

I Contenuti si dividono in due tipi. Tuoi originali oppure di terzi. Per muovere i primi passi consiglio di iniziare con la "content curation". Se sul tuo profilo non sai cosa fare perché non hai mai creato un post o un blog in vita tua, prendi post interessanti del tuo settore e ripubblicali. Report di settore, White paper, webinar, conferenze. Io ho iniziato così, i primi contenuti non erano miei ma facevo una buona selezione di content curation. Così sblocchi il meccanismo, prendi confidenza con LinkedIn, fai pratica. Già dall'inizio, pubblica con cadenza fissa o crea una rubrica. Per esempio, il libro della settimana, la lettura del giorno, il caso di successo del mese.

Creando contenuti coinvolgenti genererai un circolo virtuoso.

Prima crei community, perché la gente si abitua alle tue rubriche e pubblicazioni e inizia a seguirti e ad aggiungerti.

Poi, quando hai un minimo di community - bastano un centinaio di persone per iniziare - ti arrivano gli spunti dal basso. Per esempio un tuo contatto potrebbe dirti: "Interessante quel contenuto, hai mai pensato di intervistare quella persona"?

Roberto: quali sono i primissimi passi e come aggiungi contatti con i quali non hai collegamenti in comune?

RG: I colleghi sono un ottimo punto di partenza. Quando si potrà e andrai a fiere ed eventi del tuo settore, aggiungi subito su LinkedIn le persone che incontri. Ma non quando torni a casa con la mail di follow up! Io lo faccio subito: tiro fuori lo smartphone e lo faccio davanti a loro. LinkedIn ha anche il QR Code se non vuoi fare la ricerca manuale. "Ragazzi, prima che riprenda la fiera mi aggiungereste su LinkedIn?". Questo scavalca anche la necessità di avere collegamenti in comune.

Un'altra funzione potente è il Bluetooth, rigorosamente dalla app mobile di LinkedIn. Se attivi la connessione Bluetooth nell'app, puoi dire di cercare i contatti in zona e le persone ti trovano.

Se invece decidi di aggiungere le persone in un secondo momento, "dai il gancio". "Ciao, sono Raffaele Gaito, ci siamo conosciuti al Comicon, ti ricordi, ero quello con la maglietta della Nasa". Così dai un riferimento mnemonico e quando dovrai contattare quella persona, ci sarà anche già uno storico, non ti vedrà apparire dal nulla. "Ah certo sei quello che aveva la maglietta della Nasa al Comicon".

Ovviamente sfrutta la rubrica, collegando Gmail, Yahoo e quello che hai. In questo caso, mi raccomando di filtrare le persone che non dovresti aggiungere ma che magari sono ancora nella tua rubrica.

Un altro "gancio" è trovare le persone interessanti su Facebook e altri social, quindi mandi un messaggio del tipo: "Ciao Roberto, vorrei portare tutti i miei contatti business su LinkedIn, mi aggiungi?".

Roberto: che consigli ci dai sulla Pagina Aziendale?
RG: Le Pagine Aziendali su LinkedIn sono meno potenti dei profili. Sono utili per due cose: per la parte di inserzioni a pagamento e per quella di Analytics. Ovvero puoi sponsorizzare i contenuti e conoscere meglio i dati di navigazione. Il contatto tra pagine e profili è però molto forzato e la portata organica è limitata.

Consiglio di pensare la pagina aziendale all'interno di un quadro generale più grande che è fatto anche e soprattutto dai profili dei singoli. Nei piani LinkedIn delle aziende che seguo, includo da subito policy e processo da seguire. Per esempio, ogni mercoledì esce il post del blog sulla pagina LinkedIn e tutti i dipendenti devono condividere il contenuto per spingerlo in maniera organica. Ovviamente puoi fare anche Ads, ma è molto costoso e ha risultati che possono essere deludenti. Rispetto a Facebook per esempio gli strumenti, per ora, sono un po' più datati.

Se la tua è una grande azienda, fare lavorare tutti i dipendenti darà grandissimi risultati. Le persone vogliono parlare con altre persone, e non con entità astratte come società o marchi. Su LinkedIn si vuole dialogare con esseri umani, mentre la pagina aziendale è vista come qualcosa di asettico e distante.

Roberto: e se vuoi portare il tuo Personal Branding o Brand Positioning aziendale ad alti livelli ma nonostante tutto non ce la fai?

RG: Spesso in azienda non c'è focus su queste attività social, perché ci si preoccupa delle routine aziendali. Inoltre non si ha il senso strategico, non si ha il quadro più ampio di una pianificazione social. Infine, se sei troppo coinvolto in una cosa hai i classici "bias cognitivi" (ndr: tendenza a crearsi una realtà soggettiva, influenzata dalle proprie esperienze e abitudini, che può essere ben diversa da quella oggettiva).

E quindi quando vuoi elevarti a grandi livelli c'è bisogno di un consulente specializzato. Nel mio caso, sono come un coach che ti ricorda di fare certe cose e ti guida dal punto di vista strategico. Per esempio, durante un brainstorming potrei dirti: "Aspetta, questo contenuto nel quadro generale che peso ha? È coerente con i valori aziendali, rientra nella vision, porterà risultati nel medio lungo periodo?"

Chi è dentro un progetto tutti i giorni è come se avesse il paraocchi. Ogni tanto un consulente esterno riesce a unire i puntini, ad avere la visione d'insieme. Non è la persona che ti dà le risposte, ma ti prende per mano e ti pone le giuste domande. Ti deve stimolare, punzecchiare, fare accendere le lampadine.

Raffaele Gaito si descrive così:

Sono un Growth Coach e attraverso il Growth Hacking guido le aziende a migliorare i loro prodotti e i loro processi con l'ausilio dei dati, degli esperimenti e del pensiero laterale.

Insegno alla Business School de Il Sole 24 Ore e sono speaker alle principali conferenze italiane del mondo digitale e dell'innovazione.

Faccio divulgazione sui temi del digitale, del marketing e del business attraverso il mio blog, il mio canale YouTube e un podcast.

Ho organizzato la più grossa conferenza d'Europa sul Growth Hacking e ho pubblicato due libri sull'argomento, diventati in Italia dei punti di riferimento del settore.

Credo nella sperimentazione come unica chiave per l'innovazione.

P.S. In segreto mi alleno per diventare Batman.

Per maggiori informazioni su Raffaele e il suo lavoro, puoi visitare il suo sito: raffaelegaito.com e seguire il suo canale YouTube: https://www.youtube.com/user/duplikey

Intervista a Stefano Pisoni

STEFANO PISONI
Marketing Advisor & Co-Owner of Mare Media

Stefano è un consulente di Digital Marketing e Co-Founder di Mare Media, si occupa di community building, personal branding e influencer marketing. Ha lavorato con Shimano, Kiwi.com, Joturl, B4i, Flowe, Bitpanda, Ledger, Pambianco e Tom's Hardware.

Stefano si autodefinisce un "growth hacker", ovvero un esperto che ti aiuta a migliorare la tua reputazione online e quindi anche i tuoi guadagni e il tuo volume d'affari, grazie a tecniche innovative. Il mio cammino alla scoperta delle vere potenzialità di LinkedIn è iniziato grazie a lui. Insomma, senza Stefano questo libro non esisterebbe!

Oggi si è specializzato nel mondo della blockchain e degli NFT ma troverete comunque molto utile questa intervista.

Roberto: perché LinkedIn è oggi fondamentale secondo te?

SP: Creare un profilo LinkedIn è importante perché permette di far conoscere subito la tua esperienza a chi ti scopre. Per esempio, invece di fare il classico curriculum europeo, se compili per bene il tuo profilo LinkedIn c'è l'opzione per scaricare il tuo curriculum in PDF. Infine se la tua azienda ha chiuso, sei per strada e non hai mai promosso la tua immagine sui Social Network, potrai iniziare a costruire la tua "social proof" con la conferma delle tue competenze.

Anche se hai 40 o 50 anni non scoraggiarti, anzi: hai molta più possibilità di ottenere conferma delle competenze perché hai davvero un'esperienza nel mondo del lavoro.

Tante piattaforme con offerte di lavoro come Monster hanno inoltre la funzionalità di iscriversi collegandosi al profilo LinkedIn. Così potrai iscriverti risparmiando un sacco di tempo perché Monster e simili prenderanno tutti i tuoi dati da LinkedIn.

Il vero lavoro da fare in maniera attiva su LinkedIn è quello di creare relazioni e opportunità. Io e te non saremmo qui a chiacchierare senza LinkedIn, anche se ci eravamo conosciuti dal vivo in precedenza. Chi ha vissuto per esempio vent'anni nella stessa azienda e ora è sul mercato ha la possibilità di trovare nuove motivazioni e opportunità. Puoi sia rientrare in contatto con aziende e persone con le quali hai lavorato sia far nascere nuove occasioni. Per esempio, entrando nei gruppi del tuo settore, che possono essere un'ottima opportunità proprio per chi ha bisogno di rimettersi sulla piazza.

Roberto: tu parli spesso di ottimizzazione SEO del profilo LinkedIn, di cosa si tratta?

SP: Un conto è compilare il proprio profilo LinkedIn, un altro è studiarlo per far sì che, quando le persone cercano una figura o un professionista con determinate qualifiche o skill, trovino te prima di tanti altri.

Per capire se il tuo profilo è ottimizzato, vai nella barra di ricerca, scrivi una qualifica, per esempio "Marketing Manager" e guarda come sono compilati i profili che risultano nei primi 4-5 risultati di ricerca. Con i miei clienti lavoro molto sull'uso dei testi corretti e delle parole chiave più efficienti per spiccare rispetto al resto dell'utenza della piattaforma.

Roberto: altri concetti tecnici che ti sento spesso citare sono inbound e outbound marketing, li spieghi ai miei lettori?

SP: Per inbound - in entrata - si intende la pratica di imparare a creare contenuti che siano molto letti e condivisi tra le persone. In questo modo ti arrivano molte richieste perché fai una comunicazione da uno a tanti e crei interesse attorno al tuo profilo e alle tue capacità.

Le strategie di outbound - in uscita - invece consistono nell'invio massiccio di richieste di connessione e messaggi a figure che sono ideali per lo sviluppo della tua professionalità. Per esempio, se fossi al momento alla ricerca di lavoro, per prima cosa aggiungerei in massa tutti gli HR Manager delle mie zone. Siamo su LinkedIn per creare relazioni che possano trasformarsi in possibilità di lavoro o di business e non per fare chiamate a freddo tipo "venditori di folletto" su un Social Network.

Roberto: E un'azienda come può fare brand positioning su LinkedIn?
SP: La prima distinzione da considerare riguarda la tipologia di prodotto che vendi. Il social selling funziona bene se hai un prodotto o servizio che abbia un valore elevato. Ovvero, se vendi un infoprodotto da 500 euro o inferiore, come un video corso, meglio fare ricorso a Facebook Ads o simili.

Se invece vendi grandi consulenze, servizi o prodotti da migliaia di euro, hai tutte le motivazioni per stare su LinkedIn, perché magari proprio grazie a questo speciale Social Network potrai riuscire a entrare in contatto con i manager di grandi aziende in un modo che, fino a qualche anno fa, sarebbe stato impensabile. Oggi grazie a LinkedIn, scrivere al marketing manager di Ferrari o di una multinazionale è facilissimo! E anche farsi rispondere.

Per fare Brand Positioning devi rispettare lo stesso schema visto in questo libro. Innanzitutto, devi ottimizzare al massimo il tuo profilo e quelli degli altri collaboratori dell'azienda. Ogni dipendente può essere un volano per la visibilità della pagina aziendale. Questa di default, come in qualsiasi social media, non ha grande traffico organico. Le piattaforme, infatti, danno per scontato che le imprese debbano spendere per aumentare la portata della pagina aziendale.

Questo non accade con i profili personali. Quindi più collaboratori hai registrati su LinkedIn e più condivisioni fanno, più visibilità avrà la tua pagina aziendale.

I passaggi sono i soliti: ogni membro dello staff deve ottimizzare il profilo, aggiungere contatti in target con il proprio settore d'affari e pubblicare contenuti interessanti. Questo non vuol dire postare la brochure aziendale, ma scrivere e parlare di argomenti genericamente d'interesse per i professionisti del proprio settore. LinkedIn è a tutti gli effetti uno strumento d'informazione. Il sito è usato dai top manager delle aziende per tenersi aggiornati su quello che succede nel loro settore professionale.

Dal punto di vista aziendale, visto che non ha contenuti personali da condividere, l'azienda può impostare una linea con specifici tipi di contenuti:
- Informazioni sui propri processi di produzione
- Dettagli sulla qualità in azienda
- Storie del customer care
- Storytelling aziendale
- Raccontare la storia dei collaboratori
- E in tutto ciò come sempre sfruttare anche foto, video e PDF, e in generale i contenuti che in un determinato momento storico l'algoritmo premia maggiormente.

Per esempio, se racconti la storia di un ragazzo che è partito come stagista ed è diventato manager, crei un "employer brand". Tante persone sognano di andare a lavorare in un'azienda piuttosto che in un'altra proprio grazie a queste storie.
Se la tua azienda ha una mission e una filosofia molto interessanti diventa affascinante e di tendenza, ma solo se lo racconti.
Se invece pubblicherai il catalogo dei prodotti avrai la garanzia di non fare successo.

Roberto: un ultimo consiglio che daresti a tutti i lettori di questo libro?
SP: Datevi del tempo. Mi rendo conto, vedendo le persone che seguono i miei corsi, che pensano di fare passi da gigante in un

paio di mesi. In realtà avere un'attività di successo su LinkedIn richiede tempo. Avere poche visualizzazioni non vuol dire che non stai ottenendo risultati, perché ogni singola richiesta di connessione potrebbe essere un nuovo punto di svolta per la tua carriera o per la tua azienda!

Intervista a Koan Bogiatto

Koan (Dan) Bogiatto
Imprenditore, Formatore, Speaker, Podcaster, Influencer e Co-fondatore di Tribeke.

L'unico italiano ad aver ottenuto l'alta onorificenza dal Governo Americano della Green Card per "Meriti Speciali e Persona Straordinaria", nell'ambito della formazione e del coaching.
È stato consulente, in passato, per INA Assitalia, Wind, 21th Century, il Politecnico di Torino, la Sai, eBay, Gruppo de Longhi e Sole 24ore.
Inoltre ha ricoperto il ruolo di Super Esperto eBay per 4 anni, diventando una figura di riferimento per oltre cinque milioni di persone, un ruolo che è stato ricoperto solo da 2 persone nel mondo.

Roberto: se vuoi aumentare le tue possibilità di guadagno da libero professionista o imprenditore o se vuoi trovare lavori sempre più prestigiosi come dipendente, a un certo punto devi farti notare. Ma ci sono ancora tantissime, valide persone che hanno paura di esporsi. Come si affronta la paura di esporsi?

KB: La paura di esporsi si affronta gustandosela tutta ed entrandoci dentro in pieno. Molte persone cercano di evitare le attività che provocano quella che non è paura, ma ansia da prestazione.

Questa è la prima cosa che specifico a chi mi parla di paura: "Stai usando l'espressione sbagliata". La paura si manifesta quando qualcuno cerca di ucciderti con un'arma oppure quando un leone ti vuole sbranare.

In caso diverso, usa la parola corretta: timore, ansia, preoccupazione. E fai bene a preoccuparti, perché probabilmente le tue prime pubblicazioni faranno veramente schifo. Ci sarà gente che ti dirà che faresti meglio se non avessi mai iniziato. Sempre che tu riesca a fare qualche visualizzazione.

Però secondo me è proprio bello all'inizio avere qualcuno che ti dice "fai schifo": questo vuol dire che almeno qualcuno ti ha visto! Invece di solito non accade nemmeno quello.

Di conseguenza è bene avvertire al massimo la propria ansia da prestazione. Devi usare tutta quell'energia per schiacciare quel tasto "Pubblica" e fare la prima figuraccia.

Altrimenti, se non rischi di fare una figura del cavolo, non concluderai mai niente. Il mio consiglio a tutti quelli che hanno timore di esporsi è: "fai la prima figuraccia, prima la archiviamo e meglio è". Altrimenti rischi di andare avanti mesi e mesi a preparare chissà che cosa e tanto prima o poi farai comunque la figuraccia. E allora tanto vale partire subito!

Roberto: l'ansia da prestazione arriva anche in seguito, quando a un certo punto, arriva l'inevitabile calo: meno visite, meno spettatori, meno commenti e mi piace. Come riprendersi in questi casi?

KB: Il fatidico calo di prestazioni! La prima cosa da fare in questi casi è trovare qualcuno che ti dia una spiegazione, e ti dica che la normalità è che tu abbia una visibilità limitata a lungo, con qualche picco di tanto in tanto. Se conosci la curva di affluenza del pubblico sai che a fronte di una grande impennata, poi inevitabilmente c'è un'inversione di tendenza e si inizia a rimanere in stallo su dei numeri "magici", che rimangono tali magari per un periodo relativamente lungo, fino al prossimo picco.

Secondo me però, quando si parla di business influencing come nel caso di questo libro, devi capire bene i tuoi obiettivi. Per esempio, se il tuo obiettivo è di fare mezzo milione di fatturato con la tua azienda e anche con soli 22 follower su Instagram o collegamenti su

LinkedIn generi quel fatturato, che te ne importa? Se invece ambisci a diventare un influencer famosissimo da dieci milioni di visualizzazioni e nessuno ti guarda, allora sì che hai un problema.

Devi stabilire con precisione cosa vuoi ottenere dalla tua attività di Personal Branding.

Roberto: ci spieghi la tua filosofia sulla gestione degli hater?

KB: Innanzitutto io penso che il marketing negativo sia comunque un ottimo marketing e per questo, citando Oscar Wilde, "che se ne parli bene o male, l'importante è che se ne parli". Che tu sia un business influencer o un gamer o un personaggio del vecchio mondo dello spettacolo, se non hai degli hater non sei nessuno. Quando mi dicono "ho visto che qualcuno parla male di me", io rispondo: "Meno male, perché se non succedesse vorrebbe dire che o io non sono famoso, oppure sto cancellando quello che viene detto di negativo su di me usando le società specializzate proprio in questo".

Non esiste nessuna persona famosa al mondo che non abbia una valanga di hater. Anche Padre Pio, Madre Teresa di Calcutta, lo stesso Gesù hanno i loro hater. E se persone che hanno prodotto una comunicazione e svolto attività che non dovrebbero prevedere degli hater ce li hanno - perché mai dovrei prendermela con Madre Teresa di Calcutta? - vuol dire che tutti possono avere hater.

Quindi, regola numero uno: se hai hater significa che sei uno che conta.

Secondo punto: abbiamo stabilito che avere fan e quindi anche hater è normale, ora dobbiamo capire che non dobbiamo sprecare tempo e attenzione per i secondi. La nostra attenzione deve essere dedicata alle persone positive: fan, follower, partner. Attenzione però a non confondere per hater chi esprime semplicemente un'opinione diversa dalla tua. Se qualcuno ti critica in maniera civile, con parole tipo "il tuo contenuto non mi piace / questa foto è di cattivo gusto", non è un hater.

Una volta che identifichi gli hater veri, devi ignorarli o "segarli". Segare vuol dire ribadire "questa è casa mia, il profilo / canale è mio. Non a caso c'è proprio scritto il mio nome e cognome! Se siamo amici e stiamo bene assieme diventa casa nostra".

Altrimenti semplicemente li escludi - li "banni", come si dice in gergo. Io ho l'abitudine di dedicare tutta la mia vita alle persone positive e motivanti e di escludere quelle negative. E sto tanto bene!

Roberto: che consiglio specifico dai a chi voglia fare il business influencer, su LinkedIn o qualsiasi altra piattaforma?
KB: Il mio consiglio è di chiederti bene che obiettivi raggiungere. Per esempio non devi confondere gli obiettivi aziendali con l'ottenimento della fama.

Se per assurdo, ti seguono solo in 17 e ti basta mettere una foto alla settimana su Instagram per fatturare 3 milioni al mese, qual'è il problema?

Il problema è che la gente ti dice sempre: "No, ma a me non me ne frega niente di essere famoso, figurati!". Peccato che poi quando iniziano a vedere i primi commenti positivi, si fanno prendere dal proprio ego e godono a vedere sempre più follower e interazioni.

Sappiamo benissimo però dalla nostra esperienza di vita che dieci carezze non bilanciano uno schiaffo. Basta un hater che ti tira uno sberlone e hai bisogno di trecento persone che ti dicono che ti vogliono bene. Questo l'ho imparato a mie spese tramite il percorso da influencer del quale diventai consapevole solo quando tu me lo dicesti la prima volta in faccia nella tua Gaming house di Bergamo (l'eSport Palace, nda).

Ti faccio un esempio su tutti legato all'esperienza iniziata ora su LinkedIn grazie a te, un mega lavoro che ha portato a un profilo molto bello e ottimizzato. Pensavo: "Vedi perché dai tanta attenzione a Facebook e non a LinkedIn?" Perché su Facebook ci sono tante persone, ho tanti follower e mi sento gratificato da tutte le interazioni sul mio profilo.

Ma LinkedIn è un altro pianeta. Io ho aperto il mio profilo dieci anni fa, ma solo ora mi sono reso conto che è la piattaforma ideale per il mio Personal Branding e per il branding della mia azienda.

Come quando mi hai suggerito di passare su Twitch per la mia attività di live streaming. Ora non tornerei mai e poi mai a Facebook. Non ha senso andare a fare streaming su Facebook. La stessa cosa mi succede ora che il mio profilo LinkedIn è a buon punto, e penso: "Ma come ho fatto a sprecare tanto tempo su Facebook?". E a non rendermi conto invece che su LinkedIn tutto è strumentale al fare business. Se parli di business ovviamente, perché se vuoi dedicarti all'intrattenimento è un altro paio di maniche.

Intervista a Manabe Repici

REPICI MANABE

Definito uno "stratega" oltre che un imprenditore, Manabe si è mosso per diversi anni come un consulente, soprannominato Mr Wolf (come nel noto film di Tarantino) per la sua capacità di "risolvere problemi", all'interno di aziende ed imprese di rilievo internazionale, contribuendo alla risoluzione e attuazione di diverse strategie business e di marketing di successo.
In questa visione integrata, si inserisce la sua competenza ed esperienza nell'ambito dei Video.
Manabe ha unito la sua capacità di guardare alle strategie marketing dal punto di vista dell'imprenditore ai VIDEO, formulando un approccio che li rende di facile realizzazione e di grandissima efficacia ed efficienza per gli imprenditori, e non solo, che vogliono creare il proprio Piano di Social Video Marketing e diventare il CENTRO MEDIA della propria impresa, cavalcando la recente evoluzione dei linguaggi mediali applicati all'imprenditoria.

Manabe è un grande esperto di marketing con il pallino per i video. Ha sviluppato un'ottima capacità tecnica che unisce alle sue innovative idee di marketing per trasformare imprenditori e manager in "Business Influencer". I suoi consigli e i suoi spunti sono per me una fonte di ispirazione continua.

Roberto: quanto è importante la tecnica per comunicare al meglio con i video?

MR: Non vogliamo seppellirti di concetti tecnici e farti pensare che fare video o live streaming sia un concetto prettamente tecnico.

Come già sei abituato a curare immagine e abbigliamento, quando per esempio vai a incontrare un nuovo cliente o, perché no, al tuo primo appuntamento, lo stesso devi fare con i video. Insomma, *"non possiamo permetterci di andare in linea come dei barboni"*. Tu compreresti mai da qualcuno vestito come un clochard? So che non è politicamente corretto, ma ti sentiresti certamente più a tuo agio a comprare da un bel ragazzo, curato e vestito con un abito su misura. O sbaglio?

Questo perché soprattutto le generazioni "diversamente giovani" sono cresciute con l'immagine televisiva. Quindi chi ha qualche anno di più sa bene quali sono i parametri per apparire bene in TV. Quindi sono d'accordo con i concetti che hai scritto nel tuo libro.
Io aggiungo che devi curare bene il set.
La voce è fondamentale: l'audio è importante in video perché in questa forma manca uno dei modi per comunicare più importanti, ovvero lo scambio fisico. La maggior parte della nostra comunicazione passa dal non verbale e paraverbale, ovvero come comunichiamo con il corpo, la postura, le espressioni e micro-espressioni del viso. Secondo molti studi, solo il 7% della comprensione avviene attraverso le parole.
Quindi bisogna curare il tono, anche perché la persona può solo ascoltare, e ovviamente non può replicare - tranne che nei commenti.
Se sente un cattivo audio, il tuo interlocutore alzerà una barriera e smetterà rapidamente di ascoltarti.

Quindi devi curare il tuo ambiente così:
- scegli un posto silenzioso
- evita di avere rumori di sottofondo come TV, radio, bambini, cani o altro
- evita i "rumori bianchi" come ventole del computer, il ronzio del motore del frigorifero o del condizionatore. Noi ci abituiamo e quindi non li sentiamo più, ma sono fastidiosissimi per i microfoni.

Una volta curato il tuo audio e una volta che lo hai ascoltato e riascoltato, passa all'illuminazione. Siccome molta della comunicazione passa per il paraverbale, è fondamentale che mani, viso e corpo siano ben visibili e illuminati per passare bene i concetti.

La luce è ancora più importante quando usi webcam o smartphone, che hanno sensori piccoli che tendono a soffrire di più della scarsa illuminazione. Certo, oggi ci sono webcam e telefoni che riescono a rendere bene anche con poca luce, ma avrai sempre un risultato scarso se registri al buio.

Roberto: quale è il set di luci ideale?

Ti serve avere sicuramente delle luci di fronte a te. Il top è la cosiddetta illuminazione a 3 punti luce:

- 1 Keylight a 45 gradi di fronte a noi, e quindi dirimpetto alla telecamera. È la luce principale che ti deve illuminare.
- 1 Fill Light, sempre a 45 gradi ma opposta rispetto alla prima, che riduce le ombre che la Keylight produce sul viso. Deve essere meno potente della prima.
- 1 Back Light, poco potente, che illumina te o lo sfondo. Serve per dare profondità rispetto allo sfondo e per rendere l'immagine più tridimensionale.

Puoi avere un'idea più chiara con l'illustrazione qui sotto.

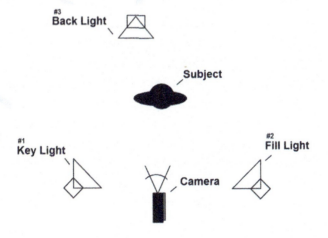

Ci sono ancora molti accorgimenti, ma entreremmo nel mondo dei direttori della fotografia e dovremmo scrivere un altro libro.

Se hai poco spazio e vuoi spendere il meno possibile per meno di 60 euro puoi comprare una Ring Light. Si tratta di un sistema basato su un treppiede con in cima un anello luminoso LED da 10" o superiore da posizionare di fronte al viso. Solitamente al centro questo tipo di oggetti ha anche un supporto per smartphone o piccole fotocamere.

Roberto: quanto devi investire per realizzare video dall'aspetto veramente professionale?
MR: Siccome il nostro modo di presentarci in video è equiparabile a come ci vestiamo per incontrare un cliente, dobbiamo fare attenzione a quello che facciamo. Se sei un professionista e rappresenti un'azienda, devi presentarti come si deve. Questo non vuol dire che devi spendere decine di migliaia di euro per attrezzature fotografiche. Ma non pensare nemmeno che sia una spesa folle spendere anche fino a mille euro per avere un'immagine super professionale in video e live streaming.

Per esempio, potresti comprare un microfono da venti euro e avere una qualità decente, ma se vuoi un'ottima qualità, devi pagare cento euro e oltre.

Per partire ti basta un telefono di fascia alta di non più di tre anni. Devi solo ricordarti di pulire sempre bene le fotocamere e avrai tutto quello che ti serve per iniziare.

Se pensi di fare storie su Instagram o LinkedIn, andrà benissimo. Se non rappresenti un brand importante, puoi usare il telefono anche per fare video su Facebook o LinkedIn. Se invece hai già un buon seguito o rappresenti un'azienda popolare è il caso che tu investa in una fotocamera semi-professionale. Oggi per esempio si ottengono degli ottimi risultati - premesso che tu abbia una buona illuminazione - con modelli compatti, come per esempio l'ottima Sony ZV-1.

Roberto: ci dai un po' di vere e proprie "liste della spesa" per chi deve attrezzarsi per realizzare foto e video di alto livello?

MR: Certamente! Ti do alcuni suggerimenti divisi per fascia di prezzo. Potrai avere una buona qualità anche spendendo pochi euro, ma se vuoi un livello professionale l'investimento è ovviamente elevato.

Nota dell'Autore: siccome i prezzi cambiano in continuazione e le stesse tecnologie si aggiornano alla velocità della luce, ti inserisco dei link ad Amazon. Ti portano a delle pagine con liste di prodotti dedicati a foto e video, divisi per fascia di prezzo. Se hai già uno smartphone di massimo due anni di vita che, al momento dell'acquisto, è costato almeno 500 euro, puoi evitare di comprarne uno nuovo.

- Realizzare video con Smartphone - Entry Level, con spesa tra 100 e 250 euro: https://amzn.to/3lCxJxf
- Realizzare video con Smartphone - Qualità TOP! In questa lista trovi i prodotti migliori per avere una qualità di livello cinematografico a partire da uno smartphone di fascia alta. Io consiglio come rappresentante della categoria un iPhone di ultima generazione. L'investimento è di 500 euro oltre al costo del telefono. Tutte le attrezzature le potrai riusare quando passerai a una fotocamera o videocamera. https://amzn.to/2JFVx69
- Registrare video o trasmettere live streaming da Computer, miglior rapporto qualità-prezzo: https://amzn.to/3lExr9f
- Realizzare video professionali e live streaming in qualità televisiva: https://amzn.to/3lGXRqI

Letture e ascolti consigliati

Libri su LinkedIn consigliati

How to Write a KILLER LinkedIn Profile di Brenda Bernstein http://bit.ly/killerLinkedin . Il libro più completo su LinkedIn che abbia mai letto - prima di questo :)

How to build relationships and get job offers using LinkedIn, Robbie Ared: http://bit.ly/howtobuildLinkedIn . Mi ha offerto molti spunti interessanti.

Libri di Crescita Personale e Professionale

Le 7 regole per avere successo di Steven Covey: http://bit.ly/7regoleSuccesso

The Miracle Equation di Hal Elrod: http://bit.ly/MirEq

The Miracle Morning di Hal Elrod: https://bit.ly/miraclemo

L'Etica dell'Eccellenza di Paolo Ruggeri: http://bit.ly/eticaeccellenza

Conduci la tua vita! di Roberto Rasia Dal Polo: http://bit.ly/conducivita

"The One Thing", Una Cosa Sola in italiano di Gary Keller e Jay Papasan: https://bit.ly/unacosas

Detto Fatto! di David Allen: http://bit.ly/DettoFattoLibro

Deep Work di Cal Newport - https://amzn.to/3MuoCgq

Linkografia

- 20 LinkedIn Statistics That Matter to Marketers in 2020 - https://blog.hootsuite.com/linkedin-statistics-business
- LinkedIn Learning Blog - https://learning.linkedin.com/blog
- LinkedIn Talent Blog - https://business.linkedin.com/talent-solutions/blog
- The Top Skills Companies Need Most in 2020 - http://bit.ly/TopSkillz
- The Most In-Demand Hard and Soft Skills of 2020 - http://bit.ly/TopSoftSkills
- LinkedIn Talent Blog: https://business.linkedin.com/talent-solutions/blog
- Character Limits on LinkedIn - http://bit.ly/CharLimitLinkedIn

Videocorsi gratuiti

- Learning LinkedIn (Eng): https://www.linkedin.com/learning/learning-linkedin-3
- Rock Your LinkedIn Profile (Eng): https://www.linkedin.com/learning/rock-your-linkedin-profile
- Dormi Meno e Produci di Più con il Sonno Polifasico: https://youtu.be/VUE06BjJTUA
- 20 consigli per DORMIRE MEGLIO! (PT.1): https://youtu.be/Cij42gt8aF8
- 20 consigli per DORMIRE MEGLIO! (PT.2): https://youtu.be/SQlv0bHOERA

Vuoi metterti in contatto con me?
Ecco come posso esserti di aiuto:

1. Vuoi investire in attività di Influencer Marketing o essere supportato come Talent: https://in-sane.it
2. Vuoi investire in pubblicità editoriale: il sito della mia azienda 3Labs: https://3labs.it/
3. Vuoi migliorare il tuo personal branding: ti presento il mio canale YouTube: https://www.youtube.com/user/keledan75
4. Vuoi imparare come diventare un influencer: il mio sito personale con tutti i miei videocorsi su come diventare influencer e business influencer: www.robertobuonanno.com

Le mie testate online:

Tom's Hardware Italia:
www.tomshw.it

Spazio Games:
www.SpazioGames.it

TechRadar Italia:
https://global.techradar.com/it-it

TrueMetal:
www.truemetal.it

Il podcast Professione Influencer: cercalo su iTunes, Spreaker o Spotify.

La mia pagina con i consigli per gli acquisti per il tuo Personal Branding: https://amzn.to/37x5kUk

I miei corsi di formazione:

Nel 2021 ho fondato in-Sane! Academy, la prima accademia italiana per aspiranti Influencer.

All'interno dell'accademia presentiamo corsi che sono il frutto dell'esperienza e della pratica che ho raccolto in 10 anni come manager delle più grandi star del web.

I corsi sono suddivisi per piattaforma, in modo da soddisfare l'esigenza di ogni Creator. All'interno di in-Sane! Academy puoi trovare: corsi dedicati a YouTube, TiKTok e Instagram.

Accedendo all'Accademia, potrai farti guidare dalla Creator Factory che ha sfornato i più famosi influencer italiani e imparare le strategie direttamente dall'esperienza dei tuoi idoli del web.

Insomma se sei stanco di alzarti al mattino con il freddo e il buio, imbottigliarti nel traffico e lavorare in un luogo dove le tue capacità vengono sfruttate per esaudire i sogni di qualcun altro...
Se sei stanco di tornare la sera tardi a casa e non avere nemmeno la forza per dedicarti a quello che più ti piace, forse è arrivata l'ora di dare una sterzata alla tua vita.

Grazie ai corsi di in-Sane! Academy, puoi trasformare le tue passioni nella tua professione e diventare un influencer professionista.

Ma questo non è il luogo per parlarti della mia fantastica accademia, quindi se vorrei avere maggiori informazioni in merito per diventare pure tu, partendo da zero, un influencer-imprenditore, ti invito a visitare il nostro sito:
https://www.in-saneacademy.com/

Printed by Amazon Italia Logistica S.r.l.
Torrazza Piemonte (TO), Italy